不是孩子不听话，是你不会表达

徐奕发 著

中国纺织出版社有限公司

内 容 提 要

孩子渐渐长大，总是会面临各种苦恼和困惑，但是他们反而对父母关闭心扉，不愿意向父母倾诉。这是为什么呢？其实，每个人都有倾诉的欲望，孩子也是如此，父母一定要掌握亲子沟通的技巧，这样才能顺利打开孩子的心扉，得到孩子毫无保留的倾诉。

本书用浅显易懂的语言，教会父母与孩子沟通的方法，让父母学会合理表达自己的情绪，学会用恰当的方式和孩子说话，与孩子共同成长，让亲子关系更加和谐紧密。

图书在版编目（CIP）数据

不是孩子不听话，是你不会表达 / 徐奕发著.—北京：中国纺织出版社有限公司，2020.4
ISBN 978-7-5180-7125-8

Ⅰ.①不… Ⅱ.①徐… Ⅲ.①家庭教育 Ⅳ.①G78

中国版本图书馆CIP数据核字（2020）第003123号

责任编辑：赵晓红　　责任校对：楼旭红　　责任印制：储志伟

中国纺织出版社有限公司出版发行
地址：北京市朝阳区百子湾东里A407号楼　邮政编码：100124
销售电话：010-67004422　传真：010-87155801
http：//www.c-textilep.com
中国纺织出版社天猫旗舰店
官方微博http：//weibo.com/2119887771
天津千鹤文化传播有限公司印刷　各地新华书店经销
2020年4月第1版第1次印刷
开本：710×1000　1/16　印张：13
字数：128千字　定价：39.80元

前言

常言道：孩子的脸，六月的天。众所周知，六月的天总是阴晴不定，同样的道理，孩子的情绪也是复杂多变，所以，孩子的脸上总是绽放出不同的表情和神色。很多父母都觉得孩子的情绪随时处于剧烈的变化和波动之中，这是为什么呢？一则是因为孩子确实情绪多变，二则是因为孩子的心思很难猜测。尤其是年纪较小的孩子，他们的语言能力发展得还不成熟，这使他们无法完整顺畅地表达自己的情绪感受，因而也就显得更加难以捉摸。

沟通是人际交往的桥梁，作为父母，我们要想通过沟通了解孩子的内心，就要先了解一些儿童心理学的知识，这样才能在理论的指导下有的放矢地接近孩子。父母要努力改善与孩子沟通的方法和技巧，从而卓有成效地把话说到孩子的心里去，打动孩子的内心。当然，任何沟通都是双方的，在亲子关系中，父母与孩子同样作为沟通的双方出现，但是父母会更加占据主导位置，也会以自身的言行举止对孩子起到更大的影响作用。

现代社会，生存压力越来越大，职场上的竞争日益激烈，父母不但要做好工作，还要兼顾家庭，无疑“压力山大”。为此，很多父母都望子成龙、望女成凤，并为了不让孩子输在起跑线上而拼尽全力。正是在这样全民都陷入教育焦虑的状态中，亲子关系变得越来越紧张，实际上，如果父母能把眼光看得更加长远，关注到孩子学习之外其他方面的表现，则能够促进孩子全面发展。

当然，父母对于孩子一切的引导都要建立在了解孩子的基础之上，而了解孩子就要与孩子沟通。父母唯有掌握与孩子沟通的技巧，能够把话说到孩子的心里去，才能有的放矢地激发孩子的沟通欲望，架设起亲子之间的沟通桥梁。

在教育孩子的过程中，很多父母还会进入一个误区，即误认为教育孩子的目的就是让孩子听话。实际上，听话的孩子就一定好吗？当然不是。孩子如果过分听话，那么，即使长大成人后，其性格也依然唯唯诺诺，这对于孩子的一生都影响巨大。此外，即使孩子内心有主见，为了表现对父母的顺从而压抑自己的真实想法，日久天长，孩子的性格也会因此而扭曲变态。父母在与孩子沟通的过程中，要以疏通孩子的心理和情感作为首要目标，有的放矢地引导孩子说出心里话，而不是以错误的方式压抑孩子。

总之，不是孩子不听话，而是父母不会表达。作为父母，当发现与孩子的沟通出现问题时，我们一定要第一时间反省自身，从而积极地发现问题、解决问题。父母只有掌握了亲子沟通的方式和技巧，才能积极正向地引导孩子，并卓有成效地帮助孩子健康快乐地成长。

作者

2019年10月

目 录

第01章

父母不会表达，孩子怎能听话

很多父母都抱怨孩子不听话，实际上，不是孩子不听话，而是父母不会表达。如果父母不能把话说到孩子心里去，导致孩子对于父母的话心怀抵触，则孩子很难做到主动听父母的话，更会使得家庭教育的效果大打折扣。由此可见，父母一定要会说话，这样才能把话说到孩子的心坎里，并让教育水到渠成，达到预期的效果。

孩子为何听不懂父母的话

作为父母，当发现孩子总是不听话的时候，我们不要急于从孩子身上寻找原因，而应该主动反思自己：我与孩子说话的方式是否恰当，我是否能把话说到孩子的心坎里，我说话的方式孩子能否接受，我说话的时机是否适宜？仅从表面看起来，父母教育孩子似乎很容易，实际上从本质上而言，父母要想使对孩子的教育事半功倍，就一定要在沟通方面下大功夫。正如人们常说的，沟通是人与人心灵的桥梁，对于关系亲密的父母与子女而言，同样如此。父母尽管生养了孩子，却未必了解孩子，要想让自己的语言表达被孩子听到记住并且理解，父母就要掌握方式方法，这样才能让沟通事半功倍。

认真去思考，回想在与孩子交流的过程中哪些语言是频繁出现的，很多父母这才恍然大悟：难怪孩子不听话，原来自己一直以来对孩子使用最多的就是“快”“赶紧的”“要认真”“去找爸爸/妈妈”“迅速，要迟到了”等诸如此类的话。当父母置身事外来看自己与孩子沟通中的常用语言时，这才意识到孩子为何不愿意听父母的话。没有人愿意被他人否定、批评，也没有人愿意总是被催促和叮咛。孩子还小，原本身心发展的节奏就很慢，自然做各种事情的时候也不可能总是与父母保持节奏一致。在这种情况下，父母与其一味地催促孩子，不如放缓节奏，体会孩子的内心规律，从而符合孩子的规律和节奏，也更好地与孩子相处和交流。遗憾的是，在现实生活中，绝大多数父母都不能做到理解和体贴孩子，更很少有父母能够放缓节奏，贴近孩子的节奏。这样一来，孩子必然会被催促得急了，甚至有可能因此而厌烦父母。可想而知，这样的沟通，别说效果，不事与愿违就算不错了。

除了不愿意听从父母的话之外，更多年幼的孩子根本听不懂父母所说的话是什么意思。然而，父母并不知道孩子的感受，而是一味地按照自己内心的节奏去催促孩子。这样做的结果，就是父母心急火燎，而孩子则稀里糊涂、不明就里。不得不说，这样的沟通无异于对牛弹琴，不会达到任何效果。

自从升入一年级，特特再也不是爸爸妈妈心中那个优秀的孩子了。原来，特特是个活泼好动的小男孩，在学习上非常粗心，尤其是在考试过程中，常常把原本很简单的计算题都做错了。为此，他的成绩始终在中下游徘徊，在班级里大多数同学都考得很好的情况下，他也只能考到九十分左右。为了帮助特特改掉粗心的毛病，爸爸每次都会叮嘱特特要认真，然而让爸爸抓狂的是，特特总是对爸爸的叮咛置若罔闻，不管是平日里做作业还是考试时，他都继续犯粗心的错误。

一次家长会之后，爸爸从老师那里了解了特特的学习情况，心急如焚地回到家里，准备继续对特特开展教育。回到家里，爸爸让特特站在他的面前，板起面孔问特特：“特特，我无数次叮嘱你要认真，你到底听进去没有？数学试卷上，你做错的题目都是自己会做的啊！”特特很无奈地看着爸爸，正巧姑姑也在家，为此姑姑问特特：“特特，你知道认真是什么意思吗？”特特迷惘地摇摇头。姑姑又问：“那么，你知道如何认真吗？”特特这次毫不迟疑地摇摇头。姑姑耐心向特特解释：“特特，认真的意思就是，考试的时候要一个字一个字地看清楚题目，然后在计算的过程中要把每个数都抄得正确，不能出现任何错误，这样才能保证结果是正确的，知道吗？如果题目一下子看不懂，还要多看几次，读懂题目再做。”特特恍然大悟：“原来这才是认真啊，我还以为把笔使劲拿住，写字的时候一笔一画，把字写好，就叫认真呢！”听了特特的话，爸爸忍不住笑起来，姑姑嗔怪爸爸：“哥，你这下子知道了吧，孩子根本没听懂你的话，你要站在孩子的思维角度，以孩子能够理解为标准进行表达。不然，说再多遍又有什么用呢？”爸爸接连点头，夸赞姑姑：“不愧是学习教育心理学的，对儿童心理还真是有钻研呢！看来以后我要多多请教你，我从来也不知道特特听不懂我说话呀！”

很多父母在与孩子沟通的过程中，都会以成人的语言向孩子表达，却从未想过孩子很有可能根本听不懂他们的话。作为父母，你看到这里是否也忍不住反思自己，可曾说过孩子压根听不懂的话呢？也许有的父母会说，孩子什么都懂得，就是懒惰，不愿意切实去做。不得不说，这么说的父母真的不了解孩子。父母要真正地了解孩子，更要心明眼亮，才能给予孩子更好的引导和帮助。

从另一个角度而言，作为父母，我们在和孩子说话的时候一定要具体生动，如果面对年幼的、理解能力有限的孩子，还要以接近孩子语言的方式去表达，从而更有利于孩子理解。作为父母，我们面对孩子时千万不要陷入茶壶里煮饺子——倒不出来的困惑，而要掌握适宜的语言表达方式和技巧，真正把话说得让孩子一听就明白，才能让教育事半功倍。

怎样让批评达到预期的效果

人非圣贤，孰能无过？孩子正处于成长的关键时期，也因为自身能力不足，人生经验匮乏，所以不知不觉中就会犯错误，乃至遭到父母的批评。然而，父母在愤愤不平地批评孩子之后，往往会感到非常懊丧，这是因为很多孩子在被批评之后根本没有任何进步，反而会因为逆反心理导致变本加厉，或者因为对父母的批评无动于衷而继续我行我素。那么，父母如何才能使自己对孩子的批评达到预期的效果呢？这是一个技术性问题，也是管教孩子的艺术。

现实生活中，很多父母一旦看到孩子犯错误，马上就不由分说、劈头盖脸地批评孩子一通。殊不知，批评的目的是帮助孩子改正错误、获得进步，如果本末倒置，把批评变成父母发泄愤怒的不恰当方式，则对于孩子的成长没有任何作用和好处。很多父母都忽略了一个问题，即为何孩子总是被批评呢？难道是因为孩子年纪小，能力有限，所以常常做错事情吗？当然不是。而是因为父母的眼睛总是追随着孩子，片刻也不让孩子离开父母的视线，所以孩子的一言一行都落入父母眼中，这就直接决定孩子的错误也在父母的视线范围内被放大。当然，父母批评孩子的初衷是好的，可怜天下父母心，每一个父母都希望孩子不断地成长，持续地进步，能够出类拔萃。然而，这个世界上没有绝对完美的人存在，孩子更不是生而完美，在不断成长的过程中，孩子必须持续进步，才能获得长足的发展。作为父母，我们既要发现孩子的错误，也要以正确的方式指出孩子的错误，引导孩子进步，这样孩子才能在人生的道路上砥砺前行。

父母一定要注意采取正确的方式批评孩子，而不要把批评当成发泄自身对于孩子不满的错误方式，否则会使得孩子无法取得进步。每个人的本能都是趋利避害，孩子也是如此，他们渴望听到父母的赞赏，而不愿意被父母批评和否定。当遭遇批评的打击，孩子的内心自然会变得沮丧绝望颓废，也会因此而陷入委屈、耻辱之中。父母固然要帮助孩子改正错误，但更要关注孩子敏感脆弱的自尊心，要重视孩子的心灵健康，所以，在批评孩子的时候必须讲究方式方法，并把握合适的时机。总体而言，批评孩子有以下几点需要注意。

第一点，人前不训子。很多父母一旦发现孩子犯错，总是不分时间场合地训斥孩子，甚至，越是有外人在场的情况下，父母越是严厉地训斥孩子。殊不知，孩子的自尊心很强烈，如果父母不顾及孩子的尊严，当着他人的面训斥孩子，就会招致孩子反感，甚至使得孩子变本加厉。有些父母还以当众训斥孩子的方式展示自己的家教严明，殊不知，这样的做法反而会表现出父母的素质很低下。

第二点，训斥孩子要讲究方式方法，不要总是声色俱厉。每个孩子的脾气秉性都是不同的，在不同的成长阶段，孩子的身心发展特点也截然不同。父母教育孩子要做到因人制宜，即根据孩子的自身特点，选择恰到好处的方式对孩子展开教育。

第三点，批评孩子要就事论事，而不要给孩子贴上负面标签。每个人都有自身的优点，也有自身的缺点，孩子也不例外。作为父母，我们在批评孩子的时候，要针对孩子的具体错误进行分析和阐述，而不要不由分说就全盘否定孩子。很多孩子还小，对于自己缺乏客观公正的认知，他们往往会借助于父母的评价认知自己。殊不知，当父母随意否定

和批评孩子的时候，就会导致孩子的自我认知也出现偏差。尤其是盲目给孩子贴标签的行为，更是会导致孩子否定自我，影响孩子健康快乐地成长。

第四点，批评要适度。批评的话在于精，而不在于多。相当一部分父母一旦发现孩子犯错误，就会揪着孩子的错误不撒手。殊不知，当父母过分唠叨，孩子就会产生逆反心理，甚至故意与父母对着干，这岂不是得不偿失吗？因而父母批评孩子要把握合适的度，这样才能让批评达到预期的效果。

总之，作为父母，当发现对孩子的批评不管用的时候，我们首先要从自己身上寻找原因。即使孩子犯了严重的错误，父母也要控制好自身的情绪，从而避免自己因为情绪化而对孩子做出冲动的举动。父母要分析孩子犯错误的原因，这样才能做到有的放矢、一针见血地批评孩子，而且，当父母保持理智时，父母可以根据孩子的反应及时作出调整。在批评孩子之后，父母还要安抚好孩子的情绪，并且与孩子针对错误的情况进行约定，这样，孩子才能积极地改善不恰当的言行，并产生一定的自律力约束自己的言行。所谓不忘初心，方得始终，父母唯有始终牢记批评孩子的目的，才能以恰到好处的方式批评孩子，让批评对孩子达到预期的效果和目的。

孩子为何总是不听话呢

很多父母都抱怨孩子不听话，似乎不听话已经成为绝大部分孩子的标签。其实，不听话并非大多数父母所想的那样是一个负面标签，而是孩子在成长过程中自然而然地表现出来的样子。孩子不听话，与他们的身心发展规律密切相关。所有的孩子在呱呱坠地的时候，一定是很听话的，因为此时的他完全处于无我的状态，误以为自己与外部世界浑然一体，也心安理得地接受父母的照顾，按照父母的安排去做很多事情。到了两三岁的时候，孩子的自我意识不断觉醒，他们也就越来越不听话。从此，父母开始抱怨孩子不听话，却没有想到不听话正意味着孩子是在渐渐长大。

在人际沟通之中，人们有很多种交流形式，而说话则是诸多交流形式中最为常见的一种形式。除了说话之外，还有面部表情、肢体动作等，也可以对交流起到积极的作用。然而，这些都是辅助的交流形式，说话作为正常人最常用也最主要的交流形式，是不可替代的。人与人之间，只有通过说话才能表达自己、交换信息。亲子关系也是普通人际关系的一种，也要通过沟通才能实现亲子之间的深入了解。父母与孩子在一起相依相伴，最经常做的事情就是语言沟通。但是也有极少数父母性格暴躁，和孩子沟通的次数远远没有对孩子扬起巴掌和挥舞拳头的次数更多，这简直就是家庭教育的反面教材。

让人遗憾的是，大多数父母尽管会说话，却不懂得亲子沟通的正确方式。从这个角度而言，他们也是不会说话的。他们常常使说出去的话被孩子误解或者抗拒，也使得亲子沟通面临阻碍和困境。因而，父母不要抱怨孩子不听话，而要首先反思自己是否会说话，这样才能有效避免与孩子发生争执和冲突，才能避免对孩子使用家庭暴力。

从理性的角度而言，很多父母都知道亲子沟通要建立在相互尊重和

理解的基础上，也知道父母要平等对待孩子，然而在真正的亲子沟通过程中，大多数父母依然在不知不觉间对孩子采取高压政策，使得孩子暂时服从，也让家庭教育在极短暂的时间里表现出一派祥和的模样。实际上，这样只是治标不治本，即使一时压制了孩子，也会导致孩子内心深处对父母很不服气，甚至使得孩子对父母产生逆反心理。所以明智的父母不会一味地压制孩子，而是会采取理性沟通的方式让孩子心服口服，也让亲子沟通进展得更加顺利。

不得不说，孩子不听话，或者是因为压根听不懂父母在说什么，或者是因为对父母的批评方式心生抵触，也或者是因为父母总是自说自话，压根没有想得到孩子的积极回应和反馈。很多父母对于孩子总是抱着先入为主的思想，以成人的思想揣度孩子，也只顾着关心自己的所思所想，而对于孩子真正关心什么丝毫不在乎。在这样的背景下，可想而知，亲子沟通必然进展艰难，也会面临很大的阻碍。

人为什么要说话？目的就在于沟通和交流。作为父母，即使我们真的是真理的代表和化身，如果不能把道理灌输给孩子，不能做到让孩子心服口服，那么我们说的话也是没有效果的。所谓动之以情，晓之以理，就要求父母与孩子沟通的时候必须不忘初心。记住，孩子是活生生的人，有自己的思想和主见，所以父母不可能像把信息输入计算机那样把信息传递给孩子，而必须更多地照顾到孩子的心理。正因为如此，尽管很多父母一味地苦口婆心，且自以为已经对孩子仁至义尽，而孩子的感受与他们却是截然不同的。在很多亲子沟通中都存在误解，即父母以为孩子已经非常明白，孩子却丈二和尚摸不着头脑，导致孩子无法贯彻执行父母的教育方针，父母也对孩子心生不满。

父母还要认识到一点，那就是与孩子沟通和与成人沟通是截然不同的两码事。很多父母误以为自己巧舌如簧，与成人沟通没有问题，那么与孩子沟通也会特别顺畅、毫无障碍。其实不然。孩子因为身心发展的限制，人生经验的不足，所以理解能力与成人相差甚远。因此，父母在与孩子沟通的时候，一定要从孩子的角度出发，在面对幼儿的时候还要尽量以儿童化的语言进行表达，这样才能在与孩子沟通时事半功倍。举个简单的例子，很多父母在督促孩子学习的时候，总是声色俱厉地告诫孩子：如果现在不好好学习，将来就找不到好工作，就要受穷受累一辈子。殊不知，孩子对于所谓“失业”根本没有概念，说不定他们还会觉得待在家很舒适呢！在这种情况下，父母劝说孩子认真学习的话，对孩子丝毫起不到激励的作用。与其这么劝说孩子认真学习，父母还不如给予孩子适当的物质奖励，例如，允诺孩子，如果持续一段时间在学习上表现优秀，就带孩子出去游玩一次。这样的激励，对于孩子而言比失业等警示作用更好。总而言之，既然与孩子说话是亲子沟通的重要方式，父母就必须要掌握说话的方式与技巧，从而让亲子沟通达到事半功倍的效果。

打孩子可不能胡乱就来

在诸多的教育方式中，“打”无疑是一种非常无奈的教育方式。当孩子犯了严重的错误，各种教育方式下孩子都屡教不改时，父母就会因为愤怒而忍不住打骂孩子，目的在于让孩子通过切肤之痛对于错误有深刻的印象，并积极地改正错误。那么，打骂真的能达到预期的效果吗？如果不掌握正确的打孩子的方式，有一点确凿无疑，那就是打孩子非但不会达到预期的效果，反而会给孩子的身心带来无法逆转和不可挽回的恶劣影响和伤害。从保护孩子身心健康的角度出发，很多教育专家、心理专家都呼吁父母不要动辄打骂孩子，即使真的迫不得已要体罚孩子，也要讲究方式方法，从而保护孩子的身心健康，并收到良好的教育效果。

长期以来，有一些父母在教育孩子方面受到传统观念的影响，奉行“棍棒底下出孝子”的教育理念，因而对于孩子非打即骂。还有极少数家庭，因为父母对孩子过于暴力，导致孩子离家出走，甚至选择结束生命。不得不说，这样的管教已经超越了家庭教育的范畴，给孩子带来了不可挽回的伤害，甚至触犯了法律，父母在伤害孩子的同时，也必然为此付出沉重的代价。即使控制打骂孩子的力度，长此以往，孩子与父母之间的关系也会越来越疏离，一旦激发起孩子的叛逆心理，还会导致孩子变得更加难管教，也会关闭亲子沟通的通道。所以父母对于孩子的管教一定要慎之又慎，即使非常生气，也要控制好情绪，更不要胡乱打骂孩子。

很久以前，有一户人家里有三个兄弟——老大、老二和老三。原本，三兄弟在同一个家庭里成长，按理来说应该发展得相差无几，但是实际上三个兄弟的命运截然不同。这是为什么呢？成年之后，最有出息的老二总结出经验教训，可谓一语中的。

可以想象，男孩子都是非常顽皮淘气的，为此，每当老大犯错误的时候，父母总是狠狠打骂老大，责怪他没有给弟弟们做出好榜样。渐渐地，老大被打怵了，变得非常听父母的话。老二呢，因为老二年纪比老大小，所以父母未免多心疼老二一些，在发现老二调皮捣蛋之后，父母总是以吓唬为主，打老二时虽然巴掌扬得很高，但是落下巴掌时都很轻。为此，老二在父母的管教下健康成长，不但有规矩，也有思想，很机智。老三出生之后，作为家里的老小得到了父母的疼爱和宠溺，很少挨打，也为此天天上房揭瓦。长大之后，老大唯唯诺诺，做什么事情都要听从父母的安排；老二很有出息，也有主见，事业有成；老三从小就骄纵无度，因而一事无成，成了不折不扣的混世魔王。

在这个事例中不难看出，父母对于孩子的管教，甚至打骂，太多了会导致孩子失去个性，太少了又会导致孩子无法无天。故事中的父母对于老二的管教方式恰恰歪打正着，扬起巴掌很高，落下巴掌很低，所以对老二起到了教育的作用，让老二意识到父母的态度而有所忌惮，也没有因为经常挨揍而被磨灭心中的灵性。所以老二在兄弟三人之中成长得最好，也成为整个家庭的顶梁柱。

当然，这并非说父母一定要打骂孩子，奉行“棍棒底下出孝子”的教育理念，而是说父母对孩子要宽严有度、恩威并济。如果父母可以和孩子顺畅地沟通，也能以说教的方式引导和改变孩子，那么自然无须打骂孩子。从这个角度而言，父母管教孩子要以说教为主，以打骂为辅，打孩子要讲究方式方法，骂孩子更要注意保护孩子的自尊心，这样才能让教育达到最佳效果。

实际上，有很多教育方式都能比打孩子达到更好的效果，诸如对孩子宽容，适度地保持沉默，或者理解和尊重孩子。毕竟教育的目的不是暂时地压制，而是让孩子心服口服，这样孩子才能在成长的过程中不

断进步，自我反思，积极进取。正如一位名人曾经说过的，不管是黑猫还是白猫，只要能抓住老鼠的就是好猫。教育也是如此，不要拘泥于某一种方式，更不要迷信传统的“棍棒底下出孝子”的教育理念。现代社会人人平等，父母与孩子之间也要相互尊重和理解，这样才能推动家庭教育不断进步，取得最好的效果和最大的成就。记住，打是教育的下下策，父母以身强体壮镇压孩子是不足取的，只有言语无力的父母才会以打骂来教育孩子。当真的不打不行的时候，也必须讲究方法和策略，这样才能让教育达到最佳的效果。

父母不要逼孩子撒谎

看到这个题目，相信很多父母一定觉得纳闷：我们都不希望孩子沾染撒谎的坏习惯，怎么会逼孩子撒谎呢？没错，仅从表面看起来，没有任何父母希望孩子撒谎，但是从本质上进行分析，很多父母的行为的确是在促使孩子撒谎。这就要从孩子为何撒谎说起。

孩子为何撒谎呢？一则是希望自己的愿望能够得到满足，为此采取各种方式编造谎言，从而得到父母的付出。二则是在犯错误的时候想要逃避父母严厉的责怪和惩罚，所以不得不采取撒谎的方式推卸和逃避责任。引起孩子撒谎的这两种主要情况，都和父母有无法摆脱的干系，假如父母能够合理满足孩子的要求和欲望，在孩子不小心犯错之后也能够静下心来倾听孩子阐述事实、承认错误，而不是不由分说地严厉责骂和惩罚孩子，孩子为何要撒谎呢？众所周知，谎言就是一个大坑，当一个人撒了一个谎，就要再撒无数个谎，才能圆上之前的谎言，简直无休无止、无穷无尽。谁不想坦荡地面对一切呢？孩子也想按照事实去说话，遗憾的是，父母有时并不给他们这样的机会。

既然意识到孩子撒谎完全是无奈的举动，是为了逃避遭受打骂而迫不得已选择的下下策，父母就要治根治本，从根本上消除孩子撒谎的驱动力，从而让孩子变得更加真实自信，也能够做到勇敢面对问题。有的时候，孩子如果出现心理上的原因，也会导致撒谎，这是心理扭曲和性格变态导致的，父母也要关注孩子的心理和情绪状态，从而做到及时疏导孩子的情绪，解开孩子心中的疙瘩。

很多父母对于撒谎的认知还停留在很浅的层面上，觉得撒谎的孩子品质恶劣，实际上，孩子撒谎不但说明品质不好，也说明孩子与父母之间的沟通出现障碍，有些孩子最终甚至会彻底与父母断绝沟通。试想，在家庭教育中，如果孩子不愿意与父母沟通，也不想与父母说真心话，怎么可能赢得父母的信任、与父母之间友好相处，并得到父母有效的引导呢？根本不可能。

作为父母，除了要对孩子撒谎的原因和严重性有深层认知之外，我们还要练就火眼金睛，能够识别孩子各种各样的谎言。有的时候，孩子的谎言以真相作为外衣掩饰，而不是赤裸裸的谎言，所以很难识别。例如，孩子谎称在同学家里写作业，他也的确这么做了，只不过写作业的时间不是在同学家里逗留的两个小时，而只写了半个小时，其他时间都在玩。仅从表面看上去，孩子的确做到了自己所说的，但是从深层次来看，孩子无疑是在玩偷换概念的游戏，在与父母捉迷藏。

父母没有必要因为孩子以各种形式撒谎就责骂孩子，正如苏联伟大的教育家马卡连柯所说的，没有人生而诚实，每个人都在不同的家庭环境中成长，既可能成长为诚实的人，也可能成长为不诚实的人，这一切都取决于父母采取何种方式教育孩子。所以父母一定要重视孩子撒谎的行为，既要教育孩子诚实守信，也要给孩子树立积极的榜样作用，让孩子从父母身上汲取正向的精神和力量。正如人们常说的，父母是孩子的第一任老师，父母唯有担负起老师的重任，才能教授好孩子，才能给予孩子积极向上的生命力量。

第 02 章

父母不好好说话，对孩子的伤害很大

作为父母，你会说话吗？作为父母，大家听到这样的提问，一定会感到很好笑：我每天都在教育孩子，与孩子沟通，怎么可能不会说话呢？我又不是哑巴。然而，每一个能够正常言语的父母，未必都懂得对孩子的说话之道，很多父母常常因为没有掌握正确的说话方式和技巧，无形中伤害了孩子稚嫩的心灵。能说话，不等于会说话，具有说话的能力，更不意味着能把每句话都说得恰到好处。尤其是父母，即使怀着对于孩子深深的爱，也未必能把话说到孩子的心坎儿里去。认清楚这个道理，父母才能主动反思自己，从而避免语言的利剑给孩子带来深深的伤害。

父母要掌握与孩子沟通的方法

一直以来，父母在面对孩子的时候，往往把严于律己、宽以待人发挥得淋漓尽致，具体就表现在父母对于自己家的孩子要求严格，而对于他人家的孩子却能够做到宽容相待。这是为什么呢？父母们美其名曰是为了自家孩子好，是为了对别人家的孩子礼貌。实际上，在不知不觉间，父母们已经对孩子采取了错误的沟通方法，已经无形中伤害了孩子稚嫩的心灵。

不可否认，每一个父母都本能地深爱着自己的孩子，但是理性让他们对孩子提出了苛刻的要求，并总是在语言上对孩子施暴。例如，当孩子穿着脏兮兮的鞋子走到屋子里，父母总是当即指责孩子："你怎么这么脏啊，赶紧脱掉鞋子，再把臭脚洗一洗。"换作是成人，遭到他人这样一系列的否定，心里也必然很不高兴，更何况是缺乏自制力和自我平衡能力的孩子呢？然而，这里如果换作是别人家的孩子穿着脏鞋子进屋，父母也许会很和气地说："没关系，我家地很脏，我们也穿着鞋子进屋。"当然，对于自家孩子来说，往往不敢奢求父母这么温柔体贴，只要父母能做到好好说话，就已经实属难得。好好说话的父母会心平静气地提醒孩子"脱掉鞋子再进屋"，这比加上"脏""臭"等形容词好听得多，也容易接受得多。

不可否认，溺爱的方式对于孩子的成长没有任何好处，父母不能溺爱孩子，却也不能随时随地地残酷打击孩子。很多父母本着严格要求孩子的原则，总是犯矫枉过正的错误，不是对孩子溺爱，就是对孩子过于严厉，导致孩子无所适从，不得不说，这样的教育方式往往会让孩子陷入迷惘之中，根本不知道自己应该怎么做。明智的父母不会给孩子带来这样的困惑，相反，他们很清楚要如何对孩子坚持原则，也知道应该在何时对孩子表现理解和体贴。

有一天，妈妈带着特特去逛商场。路上，特特看到有一家小型游乐场开业，因而向妈妈提出去游乐场玩。对于特特的请求，妈妈不假思索地同意了，前提是特特必须和妈妈一起先逛商场。特特虽然不乐意，但是不得不答应妈妈的要求。大概在三个小时的时间里，特特一直陪着妈妈逛商场。吃完午饭，特特要求去游乐场，妈妈却对特特说："特特，太热了，吃完饭也很困倦，咱们还是回家休息吧，等下次再去游乐场。况且，去游乐场有什么好玩的呢，都是小朋友在一起打打闹闹、挨挨挤挤，根本没意思。"听到妈妈的话，特特当即哭闹起来，口中念念有词："妈妈说话不算数，妈妈讨厌，妈妈讨厌！"妈妈不由分说，拖着特特就回家了。

在这个事例中，特特之所以感到愤怒，且不愿意接受妈妈的安排，一则是妈妈没有兑现承诺，二则是妈妈没有好好和特特说话。妈妈因为自身的原因取消了去游乐场的计划，却对特特传达出很多负面信息，特特当然不愿意接受。假如妈妈能够改变一种说法，真诚地征求特特的意见："特特，妈妈今天很累，想回家休息，咱们下次再去游乐场玩，好吗？"这样的示弱，反而更容易让特特接受。事实是，妈妈不但失言，还诋毁游乐场，这让特特感到难以接受，因而情绪激烈。

有的时候，父母看到身边的人都在这样恶言恶语对待孩子，无形中就降低了对自己的要求。实际上，只要父母把握好对孩子的度，掌握正确的教育方法，孩子是不会被惯坏的。在这个世界上，有很多职业都有岗前培训，唯独对于每个人最伟大的事业——为人父母，并没有专门的机构展开培训。尽管现在有培养父母照顾孩子技能的培训结构，但是在关系到孩子的心灵与情绪时，没有任何机构能够告诉父母应该如何去做。所以，父母不要人云亦云地盲目跟风、对待孩子态度恶劣，也不要失去原则、一味地宠溺和骄纵孩子。父母心中要有数，也要在了解孩子的基础上有的放矢地对待孩子，从而把教育做到更加理性全面。

父母还需要注意的是，所谓对孩子好好说话，并不意味着要求父母必须服从孩子，相反，好好说话意味着态度坚定而又和善，意味着对孩子绝不姑息纵容，意味着坚持教育的原则。也许父母最初开始好好说话的时候，并不能让孩子有效地改变，但是只要坚持下去，总会有好的效果。爱孩子，并不要求纵容孩子；严格要求孩子，并不要求苛刻孩子。父母作为最了解孩子也与孩子接触最亲密的人，要在尊重孩子个体差异和坚持教育原则的基础上，最大限度地陪伴和激励孩子成长，与孩子一起迎接生命中的各种挑战，超越生活中的各种困境。

言语的伤害随时都有可能发生

常言道，说出去的话如同泼出去的水，这充分告诉我们语言是不可

收回的，因而说之前必须慎重思考，所谓谨言慎行，要先从谨言做起。然而，很多父母在与孩子沟通的过程中，总觉得孩子是自己生养的，因而对于孩子的感受丝毫不放在心上，始终对孩子口无遮拦，想说什么就说什么，几乎不假思索。殊不知，孩子尽管因着父母来到这个世界上，却不是父母的私有物品，更不是父母的附属物品，而是一个独立的、有思想、有主见的人。从在襁褓时期开始，婴儿就会牙牙学语，并和父母进行交流，到渐渐长大，孩子的自我意识越来越强，因而他们更加独立，更加有主见，开始可以以独立个体的身份与父母进行交流。

然而，孩子正处于身心发展的特殊阶段，父母一不小心，就会因为口不择言对孩子造成言语的伤害。作为父母，除了要照顾好孩子的吃喝拉撒，我们更要关注孩子的身心健康和情绪感受。所以，父母不要再觉得打骂孩子是自己的事情，因为这件事情还关乎孩子的感受和情绪体验。现实生活中，有很多父母对孩子说话都不经过大脑，在意识到这一点之后，一定要及时改变，调整好心态，从而做到心平气和、言语温和地对待孩子。

周末的必胜客餐厅里，有一大半顾客都是父母带着孩子。很多孩子都喜欢吃披萨，说不清楚为什么，就是喜欢。在靠近门口的位置，坐着一对父子，父子俩眉眼之间很像，父亲的目光始终没有离开孩子，他一定很爱孩子吧！

等待片刻，服务员来给他们点餐。拿着必胜客的菜单，父亲问儿子：“儿子，你想吃什么？”儿子想了想，说：“随便什么都行。”父亲有些生气，嗔怪儿子：“这个餐厅里可没有叫‘随便什么都行’的菜品。你到底想吃什么，快点告诉我，男孩子要有主见。”儿子想了想，说：“意大利面吧，再来几个烤鸡翅。”父亲情不自禁皱起眉头：“意面，我可以在家里做给你吃啊，何必来必胜客吃呢！而且烤鸡翅容易上火，你不是还嗓子疼呢么！”儿子一番琢磨，又说：“那就是海鲜炒饭和鲜榨玉米汁吧！”父亲还是反对：“你对海鲜过敏啊，一会儿又浑身起疹子，吃不完饭就得去医院了。”儿子也有些恼火，说：“那还是随便吧，我不管吃什么你都反对，那你就自己点菜吧，你点什么我吃什么，吃坏了也不用我负责。”父亲听到孩子嫌弃的语气，忍不住愤怒，说：“你这个孩子真是没良心，吃一顿必胜客便宜吗？我忍着心疼花钱请你吃，你还挑三拣四，还怪我，要是这样就别吃了……”就这样，原本一次愉快的用餐，父子俩最终闹得不欢而散。

在这个事例中，父亲犯错在先，因为他没有留意到自己不知不觉间对儿子进行了语言伤害。从孩子说随便吃什么都可以的时候，父亲就开始指责儿子没主见，后来儿子先是要吃意大利面，后来说吃海鲜炒饭，都遭到父亲的反对，为此儿子彻底放弃点菜的权利。原本应该愉快度过的一餐，最终闹得不欢而散，父子俩还生出隔阂与嫌隙。

现实生活中，很多父母都会在无形中对孩子进行语言伤害。这样的伤害，因为父母不自知，所以，虽然频繁发生，却很少惹人关注。不可否认，现代社会生存压力很大，职场竞争激烈，大多数父母在与孩子沟通的时候，都会有不耐烦的情绪表现出来，有些父母因为心情烦躁，甚至会无法自制地对孩子动手。毫无疑问，这样的父母觉得打骂孩子完全是理所当然、无可厚非的事情。不得不说，他们根本不懂得教育的真谛，也没有掌握教育的方法。

孩子的成长是漫长的过程，从一张白纸般地来到这个世界上，到渐渐地长大成人，这期间经历的艰辛可想而知。父母不要误以为教育孩子是一蹴而就的，更不要觉得把各种正确的观念和道理注入孩子的内心如同向计算机输入程序一样简便易行。正是因为言语的伤害不易觉察，所以父母要更加谨慎规范自己的教育行为，用心地爱护孩子、尊重孩子，保护孩子稚嫩的心灵。尤其是在面对年幼的孩子时，父母更要避免从主观角度出发揣测孩子。越是年幼的孩子，越缺乏人生经验，所以他们常常会借助于父母的评价来判定自己。为了避免父母不负责任的评价给孩子带来负面影响，父母一定要尊重孩子，也要慎重发表对孩子的评价。在教育孩子方面，没有捷径可走，越是孩子顽皮捣蛋的时候，父母越是要有足够的耐心对待孩子，且要以理性控制好情绪，这样才能恰到好处地对待孩子，给孩子的成长提供积极的力量和帮助。

恶言恶语对孩子的伤害很深

在亲子教育中，言语的伤害不仅频繁发生，不易为人觉察，对孩子心灵的伤害也是非常严重的。很多父母误以为抚养孩子就是照顾孩子的吃喝拉撒、满足孩子的基本生理需求，殊不知这样的爱只是本能的爱，而缺乏理性的成分。曾经有一位伟大的心理学家提出，大多数寻求心理帮助的个体，都有两个方面的需要，他们一则想要建立良好的人际关系，并且将其维持下去，二则想要得到个体的尊严和人生价值的实现。从心理学的角度而言，这两个方面其实是相辅相成的，能够相互促进。一个人如果能够与他人建立并且保持良好的关系，就可以实现人生的价值，维护自身的尊严。孩子虽然小，同样有这样的心理需求，而他们求助的对象往往是父母。由此可见，若父母对孩子恶言恶语，带给孩子的必然是更加深刻的伤害。

记得曾经有一首歌里唱道，“最爱我的人，伤我却是最深”。父母对于孩子的伤害，恰恰如此。这是因为孩子非常信任和依赖父母，对于父母也是毫无保留、无条件地托付。所以，父母掌握着孩子的软肋，也住在孩子的心里。因此，父母一定要非常用心保护好孩子，才能给孩子的成长以积极的陪伴和引导。举例而言，父母在朋友圈里发了一条信息，如果不相干的人恶言恶语地评论，也许会让父母生气，却不会让父母受到内伤，顶多口头上愤愤不平一番而已；同样的一条朋友圈信息，如果熟悉的人在下面别有用心地评论，则父母一定会很生气，甚至因此而关闭朋友圈。这是因为，越是对于信任的人，每个人越是没有防备，而孩子对于父母，则是完全不设防的。

父母的恶言恶语，或者无意间说出的伤害孩子的话，也许会横亘在孩子心中一生，成为孩子生命中最柔软和不可触碰的所在。面对年幼的孩子，父母千万不要觉得孩子不谙世事，在孩子面前口无遮拦。越是年幼的孩子越是信赖父母，他们往往根据父母对自己的评价来看待自己，在这种情况下，父母一定要对孩子谨慎言语，切勿无意间伤害孩子。很多父母羡慕别人家的孩子自信乐观开朗，而抱怨自家的孩子总是沮丧胆怯自卑，殊不知，每一个自信孩子的身后，都一定有心态积极阳光的父母作为支撑。所以父母不要再盲目羡慕他人家的孩子，而应该首先反思自身，是否能够担任合格且优秀的父母。

薇薇的爸爸妈妈离婚了，原因是爸爸在有钱的同时也有了外遇，总是嫌弃家里像黄脸婆一样的妈妈。在妈妈的极力争取下，薇薇的抚养权归妈妈所有，然而，从此之后，薇薇也开始接受妈妈持续的耳濡目染的教育。

妈妈受到爸爸的伤害，因而常常在薇薇面前说起爸爸是怎样的薄情寡义，所以才会抛弃同甘共苦的结发之妻。渐渐地，薇薇也开始怨恨爸爸，总觉得自己和妈妈悲惨的生活都是由爸爸造成的。转眼之间，薇薇长大了，到了恋爱结婚的年纪。然而，从二十七八岁到三十七八岁，尽管妈妈急得火上墙，薇薇也在妈妈的安排下相了很多次亲，却始终没有解决人生大事。后来，薇薇不得不去咨询心理医生，经过催眠，心理医生才探寻到，薇薇内心深处对于男人的厌恶和不安全感，居然来自整个成长阶段中妈妈当着薇薇的面对爸爸的抱怨、诅咒。妈妈后悔莫及，她从未想过因为自己和丈夫不幸的婚姻耽误了薇薇的终身大事，但是伤害已经形成，又岂是那么容易消除的呢？看着老闺女薇薇一天一天青春不在，妈妈后悔也已经晚了。

妈妈从来不知道，她对于丈夫的每一句抱怨和诅咒，都如同迟钝的刀子在割着薇薇稚嫩的心灵。渐渐地，妈妈把自己对于丈夫的恨，转化为一个女人对于男人的恨，深深地根植于薇薇的心底。不得不说，正是这种潜移默化的影响，才造就了薇薇的悲剧。

很多父母在和孩子沟通的过程中，总是不留神就给孩子带来言语的伤害，而又丝毫没有意识到这种伤害有多么深重，更不知道这种伤害有可能给孩子的一生都带来严重的负面影响。不得不提醒每一位为人父母者，孩子的心灵非常稚嫩，作为父母，我们一定要全方位保护孩子，照顾到孩子的心理健康和情绪感受，这样才能避免因为口不择言而伤害孩子，或者给孩子带来长期的负面影响。孩子的成长是漫长的过程，父母既要对孩子放手，也要始终绷紧一根弦，那就是关注孩子的心灵健康。此外，在亲子沟通的过程中，父母还要避免与孩子进行带有批判意味的沟通，因为孩子非常信任父母，而父母的评价也会如同宇宙间的黑洞一样对孩子具有强大的吸引力和不可磨灭的深远影响。所以，要想成为好父母，要先从管好嘴巴开始做起！

父母要学会好好说话

大多数父母都能说话，但是很多父母都不会和孩子说话，更不会好好和孩子说话，因为他们不了解孩子的身心发展特点，也没有足够的耐心在本能之外理性地面对孩子。难道是因为父母天生不会好好说话吗？当然不是。细心的父母会发现，自己在面对朋友、同事、同学甚至是陌生人的时候，都能做到好好说话，唯独在面对自己挚爱的孩子时，原本的温言细语，却变成了恶声恶气。由此可见，大多数父母都可以循着本能去爱孩子，却不能给予孩子理性的、充满智慧的爱。

其实，父母是有好好说话这种能力的，也完全有可能做到对自家的孩子好好说话，但前提是父母必须要意识到对孩子好好说话的重要性。很多父母能考虑到朋友的尊严、其他小朋友的无知，却唯独对自家孩子要求甚高，也不愿意包容自家孩子任何做得不到位的地方，这是为什么呢？实际上，这与父母潜意识中的教育焦虑有关系。如今，大多数家庭里都只有一个孩子，为此孩子们在物质生活方面非常富足。他们所匮乏

的，是接受生活的磨砺，也就是吃一点生活的苦头。再加上受到传统文化的影响，很多父母觉得孩子必须在成长的过程中多吃一些苦，所以便难免在精神上苛刻孩子。很多时候，父母并非有意为之，而是在教育焦虑的驱使下无形中有了这样的决定和举动。实际上，父母不仅要从本能上爱孩子，也要慷慨地给予孩子精神和感情上的养分，这样才能保障孩子健康快乐地成长。即使要给孩子磨砺，也要把握好合适的度，这样才能有利于保护孩子的心理健康，也让孩子在精神上绝不贫瘠。

从小不被父母在语言上善待的孩子，渐渐地也会养成尖酸刻薄的表达习惯。毫无疑问，这对于孩子建立和经营人际关系是绝无好处的。常言道，凡事皆有度，过犹不及，任何事情都要把握合适的限度，才能收到预期的效果。有的时候，当事情发生各种改变，也要求当事人与时俱进，作出及时改变。作为父母，我们更是要坚持与时俱进的原则，跟得上孩子成长的脚步，这样才能把话说到孩子的心坎里，并有的放矢地增进亲子感情，加深亲子关系。

最可怕的不是父母的教育理念多么落后，或者教育观念多么迂腐，而是父母对于自身的情况丝毫没有觉察，明明已经过时，却丝毫没有觉察，明明是错误的，却坚信自己是正确的。这样一来，父母给孩子带来的伤害将会更加持久和深重。例如，在学习方面，很多老师和父母都没有明确要求孩子必须考取第一名，却又在对孩子进行教育的时候，以登上月球第一人为例，告诉孩子们第一个登上月球的人名垂青史，而第二个登上月球的人却默默无闻，这岂不是在以事实引导孩子吗？他们丝毫不知道，这种只承认和追求第一的思想是扭曲的，也给孩子造成了巨大的压力。

作为父母，尽管我们不必成为儿童教育专家、心理专家，却也应该多多阅读关于儿童心理、教育心理的书籍，这样才能从理论的高度得到指导，再把理论与实践相结合，从而让自己获得长足的进步。

从人性的角度而言，父母面对年幼的孩子总是不愿意好好说话，而表现出高高在上、不可一世的样子，实际上涉嫌倚强凌弱、以大欺小。父母没有耐心对待孩子，是因为他们觉得自己可以压制孩子。等到几十年之后，孩子正值青壮年，父母已经老去，他们很少会再像年轻时候那样压制孩子，更不会一味地对孩子采取独裁政策。

在现代社会，经济的发展让人们的生活发生了翻天覆地的变化，同时也改变了人们长久的生活模式。很多父母因为忙于工作，总是把孩子留在老家交给老人抚养，或者把孩子和老人同时带在身边，也往往没有充足的时间和孩子相处，这使得父母与孩子之间感情淡漠，亲子沟通面临巨大的障碍。每一个父母都要意识到，陪伴是父母爱孩子的最好方式之一，孩子在成长过程中是否得到父母耐心和充满爱的陪伴，会使孩子在成长之后表现出截然不同的样子。此外，父母还要端正观点，不要觉得教育孩子的责任只需要交给学校和老师就好。现代教育观点告诉我们，父母要承担起教育孩子的重要责任，父母是孩子的第一任老师。等到孩子不断成长进入学校，其实他们已经在潜移默化中受到父母的影响，很多方面已经得到了一定的发展。而且，即使在与学校教育并行的过程中，父母依然要肩负起教育孩子的重任，因为学校教育毕竟是有时间限制的，而父母与孩子的相处时间更久，共同经历的事情也更多，这一切都为父母卓有成效地引导和教育孩子奠定了坚实的基础。

要想成为合格且优秀的父母，每一位父母都要把成为教育专家作为努力的目标。孩子的教育无小事，父母一定要关注孩子的身心健康，并从成长的诸多方面监管孩子，合理引导孩子，从而保证孩子快乐成长。

不要总是随意贬低孩子

细心的朋友们会发现，自古以来，每一个人的成功，都离不开积极的心态。积极的心态能够帮助孩子扬起自信的风帆，让孩子的人生乘风远航。与此相反，消极的心态则会导致孩子在遇到很多事情的时候都胆怯畏缩，也让孩子缺乏勇气，从来不敢勇敢地去尝试。那么，如何才能让孩子拥有积极的心态和坚强不屈的精神呢？最重要的一点在于，父母要给孩子信心和勇气，而切勿随意贬低和否定孩子。

成长的过程是漫长的，这是因为孩子要在成长的过程中逐渐形成优秀的品质。每个孩子都应该更加积极乐观，这样才能勇敢地面对人生，而父母的赞许和肯定，则是孩子信心和力量的来源。这是因为孩子还小，心智发育不够成熟，人生经验也很匮乏。在这种情况下，孩子无法客观公正地评价自己，因为信任父母，所以他们往往非常重视父母的评价，甚至会采取拿来主义，把父母对他们的评价作为自我评价。由此可见，如果父母总是对孩子负面评价，则会给孩子带来严重的消极影响。

很多父母抱怨孩子从来不知道父母的爱有多么深厚，然而，事实是，有更多的父母也不知道孩子对于父母多么信任和依赖。若孩子长期生活在父母的否定和批评之中，并因为父母的贬低而变得自卑怯懦，那么，渐渐地，他们就会出现习得性无助的情况。什么叫习得性无助呢？

1967年，美国大名鼎鼎的心理学家塞利格曼曾经进行过一项实验，实验的对象是一只狗。塞利格曼把狗关在事先准备好的铁笼中，等到蜂音器发出响声，他第一时间就会用电棍击打笼子里的狗。因为被囚禁在笼子里，狗无处闪躲，只能被动地承受，痛苦地呻吟，浑身都忍不住地战栗和颤抖。在进行很多次这样的强化之后，塞利格曼打开笼子，等到蜂音器响起的时候，还没有被电击，狗就条件反射，倒在地上痛苦地抽搐，无奈地等待电击的到来，而并没有夺门而出。后来，这种心理学现象就被命名为习得性无助，简而言之，就是有机体在承受阶段痛苦和反复打击之后表现出的逆来顺受和消极状态。在民间，有很多说法与习得性无助有着异曲同工之妙，如自暴自弃、破罐子破摔，都是形容人在遭遇失败或者沉痛打击后出现自我放弃的行为。

作为父母，当发现孩子有自我放弃的倾向或者行为表现时，我们一定要引起足够的重视。如果孩子并没有经受沉重的打击或者反复的失败，那么一定是父母的否定、批评和贬低导致孩子不愿意继续努力，而只是被动接受命运的安排。当意识到孩子出现习得性无助的状况时，父母一定要及时改变教育方式，不要总是挑剔和苛责孩子，而要努力发掘孩子身上的优点和闪光点，从而慷慨地肯定与赞扬孩子。这样，孩子才能渐渐地改变心态，变得乐观和积极起来。不要把习得性无助当成是无关紧要的事情，一旦孩子把习得性无助当成习惯，就会严重影响孩子的身心健康和发展进步。也许有的父母会为自己辩解，说自己只是在开玩笑。那么从现在开始，不要再和孩子开玩笑，因为孩子根本不知道父母的哪句话是真、哪句话是假，他们是那么信任父母，所以把父母的每句话都当成真理去对待。

现代社会，太多的父母都把成人的压力转嫁到孩子身上，为了不让孩子输在起跑线上，他们迫不及待地给年幼的孩子报各种兴趣班、培训班、补习班，却从未真正考虑过孩子到底对什么感兴趣，也没有真正想过孩子是否喜欢他们所安排的一切。在这个全民陷入教育焦虑的特殊时代，父母要淡定一些，有意识地减轻孩子的压力。父母固然是望子成龙、望女成凤的，但也要尊重孩子的身心发展规律，这样才能以适度的引导帮助孩子成长。切记，一切违背孩子身心发展规律的教育方式，都是错误的，只能导致事与愿违。

作为父母，如果不希望孩子因为习得性无助而受到伤害，我们就要谨言慎行，尤其是要把好嘴巴这一关，切勿随意地否定和贬低孩子，更不要无视孩子的努力。哪怕孩子只是获得小小的进步，父母也要积极地认可和鼓励孩子，激励孩子继续努力、再接再厉，这样孩子才能迸发出生命的力量，在成长的历程中始终以积极的姿态努力向上。父母还要保护孩子的自尊，很多孩子之所以破罐子破摔、自暴自弃，就是因为尊严受到摧毁。一个有尊严的孩子，总是会努力做得更好，也会始终奋发向上。记得曾经有一位名人说过，与其用沉重的批评打击孩子，不如用轻飘的表扬激励孩子；也有人说，好孩子都是夸出来的。如果父母能够像自己所期待的那样夸赞孩子，并且长期坚持下去，就一定会从孩子身上得到惊喜的发现。

语言是一把利剑，会毁掉孩子的梦想

梦想是人生的引航灯，每个人唯有在梦想的指引下，才能砥砺前行，哪怕遭遇坎坷挫折也绝不放弃。反之，一个人如果没有梦想，就像船只失去方向的指引，在漫无边际的大海上漫无目的地航行，最终必然不知所踪，无法靠岸。所以父母要尊重和保护孩子的梦想，这样才能让孩子始终坚定不移，勇往直前，直至到达人生的目的地。

很多父母对于孩子的梦想总是不以为然，觉得孩子还小，能有什么梦想去实现呢！然而，梦想从来不因为持有者的大小就有不同的回馈，对于坚持实现梦想的人，梦想总是很慷慨。孩子虽小，同样需要梦想的指引，有梦想的孩子心中点燃了希望之光，并且拥有源源不断的动力。在这种驱动力之下，孩子们不断地接近自己的梦想，创造生命的奇迹，这就是梦想的伟大力量。世界著名的诗人纪伯伦曾经说过，宁愿当一个普通的人拥有梦想并且努力实现梦想，也不愿意当一个伟大的人失去梦想，对于人生毫无愿望。

从身心发展的阶段特点而言，童年时期的孩子有着丰富的想象力，内心在自由地驰骋，所以这一时期正是他们诞生梦想的最好时期。如果一个人在童年时期没有梦想，随着渐渐长大，他会意识到命运的残酷，更会向命运屈服，而距离梦想越来越远。从这个意义上而言，童年是梦想的摇篮，对于孩子的梦想，父母一定要认真慎重对待，也要尊重孩子的梦想，支持孩子实现梦想。很多孩子在童年时期都有梦想，在梦想的指引下，他们坚持不懈地努力，最终也真正实现了梦想。作为父母，当听到孩子的梦想如同天方夜谭一般不可想象时，我们不要急于否定孩子的梦想，而要激励孩子朝着梦想的方向持续地努力，坚持前进。相信在父母的精心浇灌下，孩子心中梦想的小树苗一定会长成参天大树，也一定会变得蓬勃且充满生机。

很久以前，有一个父亲非常贫穷，因而不得不依靠给他人放牧羊群维持生计。这位父亲有两个儿子，每当放牧羊群的时候，两个年幼的儿子无人看管，牧羊人便带着儿子一起去草地上，看着蓝蓝的天，看着远处的羊儿吃草，过得倒也悠闲自在。

有一天，牧羊人刚刚把羊儿放牧到远处的草地上、自己和儿子们躺在山坡上晒太阳，就看到天空中飞过一群大雁。小儿子问牧羊人："爸爸，大雁为什么向南飞呢？"牧羊人回答："秋天来了，冬天也不远了，北方的冬天太寒冷，所以大雁要飞到温暖的南方去过冬。等到天气暖和，鲜花开放，大雁就会再飞回来的。"这时，在一旁认真倾听的大儿子忍不住满怀憧憬地说："大雁真好啊，可以自由自在地飞翔。要是我和弟弟也能飞到天上就好了，这样我们也会特别自由，想去哪里就去哪里，也许还能飞到天堂去看妈妈呢！"牧羊人沉思良久，对两个儿子说："只要你们愿意，你们总有一天也可以像大雁一样自由自在地在天空中飞翔。"孩子们陷入沉思之中，望着远处的天空，似乎正在无限向往美好的未来。

两个儿子没有一刻忘记父亲的话，随后的几十年时间里，他们一直都在苦心钻研飞机，梦想着有一天可以开着飞机实现飞天梦想。最终，他们研究出人类历史上的第一架飞机。他们，就是举世闻名的莱特兄弟，在人类航空历史上创造奇迹的航空人。

孩子的想象力天马行空，他们总是会有各种各样的奇思妙想。对于孩子的想象力，父母一定要多加保护，而不要以成人局限的思维禁锢孩子自由自在的思想。即使父母不能理解孩子的想象，也要保护孩子想象的热情和积极性。很多人都知道爱迪生是伟大的发明家，实际上，爱迪生上学之初并不是一个优秀的学生，反而因为各种奇怪的想法而被老师劝退。幸运的是，妈妈非常欣赏爱迪生，也注意保护爱迪生的各种想法，不但教给爱迪生知识，还辛苦赚钱为爱迪生购买实验的设备，最终，爱迪生才能成为伟大的发明家。

当然，实现梦想的道路绝不是一帆风顺的，父母除了要在孩子的梦想诞生之初保护孩子的梦想，也要在孩子实现梦想的过程中积极鼓励孩子、支持孩子。尤其是在孩子遭遇困境的时候，父母的强力支持将会给孩子提供强大的力量，也将成为孩子刻苦钻研源源不断动力的来源。有人说，每一个成功男人的背后都有一个默默付出的女人，其实，每一个成功孩子的背后，都一定有一对默默支持他的父母。退而言之，即使孩子在追逐梦想的过程中没有获得成功，也可以磨炼心智，增加经验，从而让人生变得更加充实厚重。

第03章

道理再好，也要孩子能听明白才行

很多父母总是会对孩子讲各种各样的道理，并且希望孩子能把这些道理听进去，加以贯彻执行。实际上，对于孩子而言，道理再好，也必须能够消化吸收，这样才能对他们的成长起到积极的推进作用。这就像是吃东西，如果一个东西难以消化，即使勉强吃下去，也无法为身体提供营养。从食物与消化的角度而言，父母要为孩子提供好消化的营养食物和容易理解的、深入浅出的道理，这样孩子才能接纳父母的意见和观点，才能与父母进行积极的互动，让家庭教育事半功倍。

父母要直接对孩子表达要求

父母常常会对孩子提出各种要求，无疑，父母不管对孩子提出什么要求，都是为了孩子好。然而，感性的好与理性的好未必是等同的，所以父母在对孩子提出要求的时候一味地跟着感情走根本不可行，而要有一定的标准。很多父母因为感性，对于孩子的要求也总是不停地变化，当父母心情好的时候，孩子做某件事情就是被允许的；当父母心情糟糕的时候，孩子原本被允许做的事情也得不到允许。长此以往，孩子必然会形成一个不好的行为习惯，那就是察言观色，看父母的脸色行事，这让他们感到很困惑，不知道自己真正决定某件事情是否应该做的时候要以什么为标准。还有些孩子如同墙头草两边倒，总是见风使舵，目的就是讨好父母。为此，他们不在乎某种行为对自己或者他人是否有利，而只是以是否能讨好父母为标准作出抉择。

作为父母，在管教孩子的过程中，我们一定要做到直接对孩子表达要求，而不能总是对孩子怀有模棱两可的态度，且要避免在不同的情境中改变标准和原则。这样可以让孩子更加明确父母的要求，也让孩子在做事情的时候有据可依，并形成稳定的品质。

自从上了一年级，妈妈要求特特晚上九点必须准时洗漱，九点半准时睡觉。一开始，自由散漫惯了的特特当然非常抵触，后来在妈妈的坚

持下，他才渐渐接受了这个作息时间。

周六晚上，妈妈带着特特去闺密家里玩，因为很长时间都没见到闺密，所以妈妈和闺密相谈甚欢，到了九点，还意犹未尽。这个时候，正和闺密家的孩子哲哲玩得高兴的特特，急急忙忙来找妈妈，说："妈妈，已经九点了，我该回家洗漱睡觉了。"妈妈正与闺密聊得高兴呢，因此不假思索地对特特说："再去玩会儿吧，今天周末，又来做客，可以晚些回家睡觉。"特特感到很困惑，不过能继续和哲哲一起玩，他还是很高兴的。

周日晚上，妈妈周六晚上无原则延长特特入睡时间的行为，在特特身上起了负面作用。眼看着已经九点，妈妈几次提醒特特去洗漱，特特就是不愿意。被妈妈催促得急了，特特问妈妈："昨天晚上我都可以多玩一会儿，今天为什么不行？"妈妈没想到特特会这么质问她，一时不知道该说什么，思考片刻才说："昨天晚上是做客，所以可以特殊。"特特理直气壮地说："今天晚上我正在玩玩具呢，也可以特殊，我想九点半再洗漱。"看着特特义正词严的样子，妈妈无话应对，只好强制特特去洗漱，特特委屈极了。

在这个事例中，妈妈一开始做得非常好，坚持让特特遵守作息时间，保持规律作息，所以初步帮助乐乐形成了良好的作息习惯，在九点钟的时候主动提醒妈妈他该洗漱休息了。然而，妈妈没有抓住这个关键的时机巩固特特的作息行为，反而因为在闺密家里就延迟了特特的洗漱休息时间，所以让察言观色的特特钻了空子，等到了周日还是要求晚一些洗漱睡觉。不得不说，这样一来，妈妈前面为了帮助特特养成良好作息习惯的努力都白费了。

作为父母，在教育孩子的时候，我们一定要坚定立场和原则，保持前后一致的观念，这样才能让孩子留下明确的概念，有助于孩子形成良好的行为习惯。越是长大的孩子，他们的思考能力越强，观察能力也越敏锐，所以父母对于大孩子的教育和引导要更加慎重，在对孩子提出要求的时候也要直截了当、明确具体，这才有助于孩子遵守规则、达到父母要求。此外，父母在对孩子提出要求的同时，自己也要身先示范、遵守规则。举例而言，如果父母要求孩子必须九点睡觉，而父母却开着电视看到深夜，可想而知，孩子根本不愿意入睡。再如，如果父母要求孩子爱上阅读，而父母却总是玩游戏、看电视、浏览手机，那么孩子当然不愿意按照父母的要求去做。父母对于孩子的榜样作用和示范力量是强大的，一定要自己率先做好，才能对孩子产生说服力，并在孩子面前树立威信，给孩子前后一致、要求明晰的良好印象。

根据孩子的身心发展特点对孩子提出合理要求

很多父母在与孩子相处的时候，总是情不自禁地从自身角度出发，揣摩孩子的内心，也因此对孩子提出过高的要求。实际上，孩子正处于成长阶段，心智发育不成熟，人生经验也很欠缺，因此他们在成长过程中常常面临困惑。作为父母，我们一定要设身处地地为孩子着想，与孩子沟通的时候要考虑到孩子的认知能力和理解能力，而不要一味地强求孩子。如果父母所提出的要求孩子根本听不懂，也无法理解，更不能做到，那么除了打击孩子的信心、让孩子变得颓废沮丧之外，还有什么积极的作用呢?

很多父母都会在不知不觉间对孩子提出过高的要求，这样对孩子并不公平。从这个角度而言，父母要怀有一颗赤子之心，也要多多了解孩子的身心发展特点，这样才能顺畅地与孩子沟通，才能在与孩子相处的过程中打动孩子的心。有的时候，父母还会对孩子的言行举止提出要求，却没有意识到言行举止的改变并不那么容易，而是需要思想上的准备和观念上达到一定高度，孩子才能做出相应的举动。因而父母一定要了解孩子、尊重孩子，根据孩子的身心发展对孩子提出合理的要求，从而帮助孩子健康成长。

又是一个周末，妈妈带着特特去找哲哲玩。哲哲比特特大一岁，特特很喜欢和哲哲一起玩，为此，才刚刚到哲哲家里，特特和哲哲就玩在一起。然而，才玩了半个小时，特特就号啕大哭起来。正在客厅的两个妈妈闻讯赶来，看到特特哭了，哲哲妈妈第一时间询问情况，得知哲哲在和特特抢玩具，哲哲妈妈对哲哲说："哲哲，你是小主人，特特是小客人，你要招待好特特。"特特妈妈也对特特说："特特，别哭了，哲哲只是不小心碰到你一下，根本没有那么疼。"

听到妈妈的话，特特的哭腔小了些，然而也就才几秒钟之后，特特的哭声又大了起来。妈妈感到厌烦，提高嗓门对特特说："特特，不要哭了呀，你怎么这么矫情呢！"听到妈妈责怪的语气，特特哭得更厉害了。最终，这场聚会不欢而散。

在这个事例中，特特并不是不想停止哭泣，但是情绪的阀门可不像自来水的水龙头一样，是随时可以关上或者打开的。因而，特特在听到妈妈劝说之后努力控制哭泣，但是他的情绪继续流淌出来，让他无法马上停止哭泣。在负面情绪的驱使下，他只能继续哭泣。为此，妈妈变得很厌烦，甚至开始责怪特特。实际上，不止孩子无法有效地控制情绪，就算是成人，也不可能对于各种情绪都做到收放自如。

面对孩子，父母不要忘记自己也有童年时期，也有情绪激烈冲动的时刻，也有无法做到那么自制的人生阶段。如果能想到这些，父母就不会对孩子提出连成人都无法达到的要求。毫无疑问，看到孩子哭泣，父母是非常厌烦的，他们完全忘记了哭泣是孩子正常的情绪表达，而往往将其视为一个麻烦急于解决，甚至将其当作为一个包袱，恨不得马上丢掉。父母这样的态度往往让孩子更加感受到挫折和沮丧，并产生愧疚自责的心态，因此孩子更加委屈，各种复杂的情绪纠缠在一起，致使他们无法控制自己，只能继续哭泣。

在家庭教育中，有太多的父母想当然地要求孩子达到成人的标准，甚至高于成人的标准，这对于孩子是极其不公平的，孩子也根本不能如父母所愿做到和实现。为了保护孩子的自信心，为了让孩子更加坚定不移勇往直前，父母一定不要提出超出孩子能力范围的要求，因为随着不切实际要求的出现，必然导致孩子受挫，也会使孩子与父母之间的感情疏离淡漠。父母要用心经营好亲子关系，就要更多地关注孩子的心灵健康，唯有心灵健康的孩子，才能成长得更好，收获充实精彩的人生。

如何好好地对孩子提出要求

作为父母，在对孩子提出要求的时候，我们如何面面俱到地考虑，最终对孩子提出合理的要求呢？这看起来很简单，真正做起来并不容易，但是如果能够掌握基本的原则和技巧，也并非不可实现。就像和孩子好好说话才能促进亲子沟通一样，当父母做到好好地对孩子提出要求，不但有利于亲子关系的发展和维持，也能够增进亲子感情，让家庭教育事半功倍。

好好地对孩子提出要求，有几个前提条件：首先，不要以爱的名义限制或者强求孩子做某件事情。孩子尽管因为父母才来到这个世界上，但并不是父母的附属品，也不是父母的私有物，父母一定要尊重孩子，把孩子当成独立的生命个体去看待，这样才能在孩子成长的过程中扮演引导者的角色，才能有的放矢地帮助孩子成长。其次，对孩子既不要强求，也不要放纵，对孩子的管教唯有松紧适度、宽严并济，才能达到最佳的效果。最后，对孩子提出要求，一定要非常明确且具体，这样孩子才能理解并且执行要求，因为，如果孩子连要求是什么都听不懂，还谈何达到要求呢？只有做到以上这三点，父母才能好好地对孩子提出要求，才能督促和激励孩子达到要求。

晚上，到了洗漱的时间，特特还是不情愿去洗漱休息。为此，妈妈很着急地催促特特：“特特，该睡觉了，你该洗澡了吧？”听到妈妈这样有些迟疑的提问，特特马上敏锐地嗅到可以延迟洗澡的讯息，他有些要赖皮地对妈妈说：“妈妈，我不想洗澡，我还不困，也不想睡觉。”妈妈意识到特特钻了话语的空子，因而马上改变语气，严厉地对特特说：“特特，必须马上洗澡，然后上床休息，妈妈还有很多事情要做呢！”特特想了想，回答妈妈：“妈妈，你做事情吧，不用管我。”看到两次催促都没有效果，妈妈不由得很生气，当即把声音提高八度：

“特特，不要贪玩哦！”特特继续为自己辩解：“妈妈，我没有贪玩，我再有一小会儿就能拼完这个积木。”妈妈有些无奈，忍不住说：“特特，你明天想不想去游乐场了？”特特假装没听懂妈妈话里威胁的意味，说：“我当然想去，我保证我一定早早起床。”妈妈最终忍无可忍，瞪大眼睛呵斥特特：“特特，时间到了，你必须马上洗澡！”特特佯装没听到妈妈的话，继续低头玩积木。

这个时候，爸爸走过来，温和而又坚定地告诉特特：“特特，时间到了，来洗澡。”特特拿着玩具看着爸爸：“爸爸，我还想玩一会儿。”爸爸说：“洗澡的时间到了，要先洗澡，把自己洗得干干净净的，没有细菌，才能舒适地睡觉。来吧，我和你一起收拾玩具。”这个时候，理性似乎战胜了感情，特特说：“好吧！”就这样，特特和爸爸一起收拾玩具，然后乖乖去洗澡了。

在洗澡事件中，妈妈提出让特特洗澡这个要求的方式十分不妥。第一次催促有些犹豫不定，给孩子造成可以洗澡也可以不洗的错觉；第二次催促把做事情与洗澡这件事情联系起来，又让特特钻了空子——其实就算特特不洗澡，妈妈也可以做事情；第三次催促明显在指责特特贪玩，带有强烈的负面情绪；第四次催促很无奈，以去游乐场的事情要挟乐乐；第五次催促情绪激烈，带有敌对情绪。正因为如此，五次催促之后，妈妈依然没有解决特特洗澡的问题。

后来，爸爸情绪平静、态度坚决地要求特特洗澡，既没有负面情绪，也没有诱惑，更没有敌意，而且明确了要求和时间的界限，特特这才无法推托。后来，爸爸又告诉特特为何要洗澡，帮助特特接受洗澡之后休息的事实。很多父母在向孩子提出要求的时候，都会在不知不觉间

附加很多条件和情绪，这其实是父母心虚的表现。作为父母，我们要内心踏实淡然、理直气壮地对孩子提出要求，并以正确的方式督促孩子达到要求。否则，父母越是心虚地对孩子提出要求，以附加条件或者强制的方式要求孩子执行要求，越是容易事与愿违，导致孩子更加叛逆，不愿意按照父母的要求去做。

严格地向孩子提出要求，不要声色俱厉

对于沟通而言，最重要的是什么？不是某一方的滔滔不绝、口若悬河，而是要在倾听的基础上，彼此了解，从而能够领悟对方的意思，并准确表达自己的意思。这样才能实现信息的交换和传递，才能让沟通达到最佳的效果。亲子沟通也是普通人际沟通的一种，要想让沟通达到良好的效果，同样要以倾听为基础。然而，在现实生活中，很多父母在与孩子沟通的时候，总是高高在上、居高临下，对于孩子提出各种苛刻的要求。当遭到孩子的排斥和抗拒时，他们还会对孩子声色俱厉，强制要求孩子必须听从他们的建议，不得不说，父母这是在倚强凌弱、欺压孩子，或者打着爱孩子的名义绑架孩子。

父母对孩子提出要求，可以非常严格，因为这样可以让孩子看到父母坚定不移的态度，从而增强孩子执行父母要求的动力和决心。很多父母在教育孩子的过程中常常陷入困惑和迷惘之中，他们一则担心过度宽容的态度会让孩子放纵，二则担心过度严厉的管教会伤害孩子的心灵，让孩子变得畏缩。然而，父母也要认识到一点，即每个人要想在这个社

会上生存，就必须符合社会的规则，遵守生活的秩序。所以父母可以严格对待孩子，帮助孩子形成良好的行为习惯，从而更早地适应社会生活。从这个意义上来说，父母对于孩子严格要求，有利于孩子的健康成长，也能帮助孩子在成长的道路上坚持进步。

特特从小吃饭就有一个剩饭的习惯，一开始因为他还小，所以父母没有严格要求他。随着渐渐长大，父母发现不管给特特盛多少饭，特特总是要剩下几口饭。哪怕已经在盛饭的时候把饭的量减掉，特特也依然要剩饭，为此爸爸妈妈忍无可忍，决定要改变特特的坏习惯。

又到了吃饭的时候，妈妈刻意给特特少盛饭，但是特特在快把饭吃完的时候，又把饭剩下了。妈妈生气地训斥特特："你怎么又剩饭呢？"特特说："我已经吃饱了。"爸爸一本正经地告诉特特："特特，你必须把饭吃饭，这样剩饭会浪费粮食，你也无法摄入足够的营养。"特特突然开始耍赖皮："我就不，就不，我已经吃饱了，我必须剩饭。"妈妈也当即表态："特特，不许剩饭。"特特眼看着自己要以一敌二，因而想要站起来离开饭桌，爸爸以坚定的语气对特特说："不吃完饭，不许离开饭桌。"特特看着爸爸粗壮的胳膊，气得坐回座位上，口中依然念念有词："我就是不把饭吃完，偏不，偏不！"爸爸一直坐在特特身边，没有生气，而是柔声对特特说："特特，不能浪费粮食，要把饭吃完，才能长得又高又强壮。"就这样僵持了大概二十分钟，爸爸始终面色平和而又态度坚决。特特极其不情愿地把饭吃完，爸爸长嘘一口气，意识到自己取得了决定性的胜利。

果然，次日吃饭的时候，特特表现好多了，虽然也剩饭，但是，在爸爸妈妈的提醒下，他很快就把饭吃完了。坚持了一段时间之后，特特彻底改掉了剩饭的坏习惯，每次都能把适量的饭吃完。

让孩子养成把饭吃完的好习惯，有助于孩子健康成长，也是节约粮食的表现。事例中，爸爸的态度和善而坚定，所以才能改变特特的固执举动，也让特特意识到必须把饭吃完的道理。当然，这并非说父母一定要干涉孩子吃饭，孩子对于吃饭还是有自主选择权利的，例如，孩子因为生病而胃口不好的时候，或者孩子的确对于某一种食物难以下咽的时候，父母都要尊重孩子的选择，允许孩子剩下一些饭菜，也允许孩子少吃一些饭。但是在日常生活中，父母还是要帮助孩子养成良好的用餐习惯。诸如有些孩子吃饭的时候喜欢看电视，或者从小就养成了一边四处玩耍一边吃饭的坏习惯，父母都要有意识地帮助孩子改变。

很多父母误以为对孩子不要太过严厉，因为孩子还小，体格很弱，也无法忍受父母的强大压力。其实不然。不管孩子多大，父母都可以对孩子严格，但不要对孩子严厉。父母要与孩子建立深厚的感情，并与孩子建立良好的亲子关系，接下来，父母尽可以严格要求孩子，再辅以足够的耐心，很多亲子难题就会迎刃而解，父母也可以切实做到引导孩子健康成长。

有些父母担心过于严格的要求会伤害孩子稚嫩的心灵，其实这样的担心完全是多余的。因为严格的要求本身并不会伤害孩子，只要父母坚持以正确的方式对孩子提出要求，就没有任何问题。伤害孩子心灵的，是他们在面对严格要求时产生的负面情绪。父母要及时疏导孩子的情绪，这样就可以帮助孩子恢复平静，伤害自然也不复存在。对于年幼的孩子而言，对于严格的要求还需要过程去接受，所以，即使孩子哭闹不止，父母也无须紧张，因为孩子在宣泄完情绪之后，也许就能理性接受父母的严格要求。总而言之，为人父母者对孩子要做到“不含敌意地坚持，不带诱惑地深情”，这样才能把对孩子的要求提得恰到好处。

深入浅出，把大道理讲得孩子能听明白

为人父母者，或者卑微到尘埃里，或者高处不胜寒。然而，这两种姿态都不是当父母的最好姿态，真正合格且优秀的父母，既可以成为孩子人生的指引者，也可以与孩子疯狂玩乐在一起，既可以和孩子成为知心朋友，也可以把大道理讲到孩子心里去，让孩子心服口服地接受。实际上，大多数父母无形中都高估了自己，误以为自己对于孩子有深远的影响力，却不知道在亲子关系中始终存在两个独立的个体，即父母和孩子。每一个孩子，即使年纪很小，也是独立的生命体，也有自己的灵魂，有自己的思想。若父母误以为孩子是自己的附属品或者私有物，他们就会在不知不觉间产生操控孩子的想法，这样的做法是完全不可行的。还有些父母以一家之主自居，自以为精通教育，却没有意识到即使父母的教育理念很先进、教育方法很好，如果孩子不愿意接受父母的教导，也会导致一切都无法进展下去。所以，要想使家庭教育顺利展开，父母就要掌握教育的方法，从而避免茶壶里煮饺子——倒不出来的尴尬，也要把大道理深入浅出地讲给孩子听，让孩子接纳和吸收、消化。

每一个孩子都是信任和爱戴父母的，这让父母与孩子的交往有了先天的便利条件，也让家庭教育的展开更加顺畅。作为父母，我们理应感谢孩子的信任，也应该感谢孩子愿意接受父母的教育。然而，随着孩

子渐渐成长，父母对于他们的要求变得越来越复杂，孩子的自我意识不断觉醒，他们渴望独立，渴望摆脱父母的限制和禁锢，并不知不觉间走上了与父母背道而驰的道路。很多父母都发现，孩子在几岁的时候很愿意和父母沟通，甚至刚走出幼儿园的大门就开始迫不及待对父母讲幼儿园里发生的事情。但是进入小学中高年级之后，他们渐渐沉默，直至到了初中，即使父母主动询问，孩子也未必愿意说。很少有青春期的孩子愿意和父母聊天，即使和父母沟通，也常常以沉默的姿态应对父母的训斥，而根本不想向父母吐露心声。有些孩子还很轻视父母，觉得即使把自己的难题告诉父母，也没有什么用处。他们自以为父母无法给他们建设性的意见和帮助，所以对父母关闭心扉。不得不说，这说明亲子沟通进入误区，不但父母不了解孩子，孩子也开始疏离父母。是什么横亘在亲子之间，让原本亲密无间的亲子关系面临隔阂呢？就是误解。

作为亲子沟通的主导者，父母要想消除亲子沟通之间的隔阂，就要少和孩子说那些大道理，或者在非说不可的时候采取深入浅出的方式，把道理讲得生动灵活，容易为孩子理解和接受。父母要弄清楚一个现实——大道理对于孩子而言晦涩难懂，如果不能使其变得容易被孩子消化，则孩子即便听了父母的大道理，也像是吃了难以消化的某种食物，根本无法从中汲取养分。所以明智的父母知道，道理不在于大小，而在于能否被孩子听懂和接受以及消化为内在的认知。否则，父母与孩子讲大道理只能是徒劳无功地浪费时间，也会给孩子带来糟糕的亲子相处感受。当父母主动降低姿态，不再高高在上地面对孩子，不再满口说着让孩子无法接受的大道理，而是给孩子留下和善可亲的印象，亲子关系就会取得实质性的进步和发展。

此外，为了赢得孩子的信任，在给孩子提出建议的时候，父母一定要从孩子的角度出发考虑问题，并根据孩子成长和发展的实际情况给孩子切实可行的建议。如果与孩子的意见出现分歧，切勿一味地压制和强迫孩子，而要学会征求孩子的意见，给予孩子更大的空间去选择和决策。父母始终都要记得，一个优秀的孩子绝不是在父母的说教中诞生的，对于孩子而言，父母身教的作用大于言传，所以，父母与其徒劳地对孩子提出要求、向孩子陈述各种各样的大道理，还不如以身作则、以身示范，从而对孩子起到积极的身教作用，也给予孩子更加有效的力量，督促和激励孩子进步。

意大利著名的教育专家蒙台梭利说过，儿童是成人之父。这句话告诉我们，父母绝不是单纯在指引孩子成长，也是在与孩子共同成长。甚至很多时候，从孩子尚未泯灭的天性中，父母也可以受到启迪，从而更加充满灵性地面对纷繁复杂的人生。所以父母不是教孩子，而是陪伴孩子，也是向孩子学习，与孩子一起洞察生命的真谛。

第 04 章

不做大吼大叫的父母，学会合理表达自己的情绪

很多父母都认为，对孩子发脾气是天经地义的事情。实际上，真正合格的父母会控制好自己的脾气，从不对着孩子大吼大叫。唯有学会合理表达自己的情绪，父母才能在亲子教育中肩负起更重要的角色，才能对孩子起到引导的作用。否则，面对歇斯底里的父母，孩子如何会听话呢？

不要总是冲孩子发火

作为父母，我们如果只会以大吼大叫表现出自己高高在上的权威地位，无疑是非常失败的。父母不仅身材高大，而且心智发育成熟，人生经验丰富。在亲子教育中，父母一定要控制好自己的脾气，不要总是对着孩子发火，不能因为不值一提的小事就对孩子歇斯底里，即便发生了重要的大事，也要控制好情绪，这样才能理性地考虑周全，争取圆满地解决问题。

冲着孩子发火，从解决问题的角度而言，根本没有任何好处，也无法对于事情起到积极的解决作用。在亲子关系中，父母处于积极的主导地位，如果不能控制好情绪，就会导致孩子也陷入混乱的状态，无法做得更好。实际上，发脾气、冲着孩子发火，对于解决问题根本没有好处，只有内心虚弱、对孩子无计可施的父母，才会以脾气来掩饰自己的无力。父母对于孩子有教育的责任和义务，如果父母不能管理好情绪，就会给孩子带来伤害。对于孩子而言，最幸运的事情是拥有具有教育智慧的父母，在父母有理有据且形式灵活的管教方式下，孩子会更加健康快乐地成长。

正如人们常说的，父母是孩子的第一任老师，孩子是父母的镜子。在父母冲着孩子歇斯底里的时候，非但不能教育孩子，反而会把脾气

完全呈现给孩子看。如果父母经常发脾气，那么，在耳濡目染之中，孩子必然也会受到影响，最终只能学会如何发脾气，而不能学会彻底地解决问题。在心理学领域，很多心理学专家都有自己的研究方向和学术理论，但是他们无一否定童年生活将会影响人生。荣格更是说过，每个人穷尽一生，只是在尽量整合早在童年时期就已经具备雏形的性格而已。若父母爱发脾气，就会导致孩子也脾气暴躁，即便长大成人之后意识到发脾气的恶劣后果，他也无法摆脱坏脾气对自己的控制。所以，尽管坏脾气不会遗传，但是会让孩子在耳濡目染、潜移默化中从父母身上继承过来，很难改正和摆脱。所以，父母一定要控制好自己的脾气，不要总是对着孩子胡乱发脾气，否则就会对孩子的一生都起到消极的负面影响，甚至彻底改变孩子的人生。

当然，让原本脾气暴躁的父母控制好脾气，也绝非容易的事情。在情绪被触发之后，父母很难有效控制好自己的脾气，只能在一次又一次对自己的提醒过程中，不断地控制自己，让自己的脾气有所好转。这么坚持去做，即使不能完全改正坏脾气，也可以有效控制脾气，给孩子带来更好的亲子教育体验。

从心理学的角度分析，很多父母之所以总是冲着孩子发脾气，就是因为他们过分夸大了孩子犯错误的后果。这是因为父母总是从主观角度出发去揣测孩子所犯的错误，而没有从尊重事实的角度客观地评价孩子的错误。实际上，孩子所犯的错误并非原则性问题，也未必会引起多么严重的后果。如果父母能够摆正心态，就会发现孩子的很多错误行为都没有那么不可原谅。举个最简单的例子，曾经网络上流传着父母因为孩子因贪玩而耽误了写作业的事情犯了心肌梗塞进入医院抢救的一个段子，其实，只要认真想一想，父母就会发现：即使孩子因为玩游戏耽误了整个晚上没有写作业，又有什么严重的后果呢？或者推迟吃晚饭、推迟睡觉去写作业，或者被老师批评一通。然而，只要孩子不养成每天都玩游戏的坏习惯，根本不会对于孩子的成长起到持续的恶劣影响。实际上，父母之所以为了孩子偶尔一次贪玩没有完成作业而生气，是因为他们认为作为父母的权威被挑战，所以想借此机会再次树立作为父母的威信。殊不知，父母的威信绝非仅凭坏脾气就能树立起来，只有真正尊重和平等对待孩子的父母，才能得到孩子的认可与信任。

常言道，江山易改，秉性难移。很多父母都觉得只靠着自我提醒无法控制住脾气，对此，父母可以循序渐进地养成良好的耐心习惯，从而做到待人温和。曾经有人说，至少需要二十一天才能养成一个好习惯，实际上，即使是简单的习惯，也有可能需要比二十一天更长久的时间才能真正形成。也有心理学家经过实验发现，至少需要六七十天，才能让一个良好的行为变成习惯并且固化。

此外还需要注意的是，在家庭教育中，夫妻之间一定要达成统一战线。有些父母之间，只有一方能够做到心平气和地对待孩子，而看到另外一方对于孩子声色俱厉、指手画脚的时候，马上就会指出另外一方的错误，甚至严肃批判另外一方。实际上，这样的做法不但不利于对孩子开展教育，也无法真正纠正另外一方的错误行为，有的时候还会被孩子钻空子。所以，当父母对于如何教育孩子存在分歧时，不如私底下沟通和解决，而不要当着孩子的面去批判和指责对方。

毋庸置疑，金无足赤，人无完人。在这个世界上，每个人都会犯错误，包括孩子，包括父母。当孩子犯错误的时候，作为父母，我们既要接纳孩子的错误，又要以正确的方式引导孩子反思自身、改正错误。记住，任何时候，确定孩子犯错，并不意味着父母有权利对孩子大发雷霆。除了发脾气之外，父母还有很多种方式可以表达愤怒的情绪，让孩子认识到错误。教育之法，在于找到最适合孩子的教育方式，这样才能达到事半功倍的效果。

以理性的方式表达愤怒的情绪

上文说了父母不要对孩子歇斯底里发脾气，对此，父母一定会感到困惑：孩子错了，也不能发脾气吗？父母不发脾气，孩子如何长记性呢？的确，在感到愤怒的情况下，父母是可以向孩子表达愤怒的，但是表达愤怒的方式未必只有发脾气这一种。看到这里，相信父母一定会感到更加困惑：表达愤怒的情绪不就是发脾气吗？这种认知是错误的，因为表达愤怒的情绪和发脾气完全是两码事。

为了帮助父母们区分清楚表达愤怒和发脾气，我们可以把生气进行简单的划分。有一种生气简单纯粹，有一种生气带有很多的杂质。这是为什么呢？作为成人，父母不但要做好工作上的诸多事情，还要照顾家庭，抚育孩子，这种情况下，父母必然承受着巨大的压力，也常常因此而情绪烦躁。纯粹生气的父母，能够做到针对孩子的错误就事论事；而在气愤中夹杂着杂质的父母，常常会因为气愤而牵扯出很多其他的事情，无法做到就事论事，也常常在不知不觉间扩大气愤的范围，加重气愤的程度，让原本简单的事情变得复杂。

含有杂质的气愤一经发泄，会对孩子稚嫩的心灵造成严重的创伤，也会导致孩子的成长面临很多的困惑。作为父母，我们在对孩子生气的时候要拎得清，要始终牢记自己气愤的原因是什么，表达愤怒的目的是什么。只有这样，才能避免把孩子当成出气筒，也避免给孩子不公正的对待。

这个周末，妈妈一直在加班，忙碌了一整天回到家里，一打开家门，就看到冲着家门摆放的餐桌上摆满脏兮兮的快餐盒。此时此刻，特特正坐在电视机前瞪大眼睛看着电视屏幕，爸爸则和特特并排坐在沙发上，正盯着亮闪闪的手机屏幕。最糟糕的是，客厅里的大灯都没有打开，在昏黄的灯光下，父子的眼睛都很吃力。妈妈不由得气不打一处来，当即冲着特特喊道："特特，你怎么回事，不怕眼睛看瞎了吗？看电视也不开灯，屏幕不刺眼吗？吃了快餐，盒子也不知道收拾到垃圾桶里，就懒成这样吗？"说着，妈妈走过去关掉电视，口中念念有词："看了多久了！该关掉了！赶紧去洗澡，睡觉！"

特特突然被关掉电视，忍不住哭起来，万分委屈。这个时候，妈妈已经开始赌气收拾餐桌。爸爸发现妈妈情绪很糟糕，也赶紧去收拾餐桌，并且给特特使眼色，让特特赶紧去洗澡。特特正在因为妈妈的独断专行气愤，根本没有心思去洗澡，而是继续坐在沙发上哭。妈妈很心烦，居然走过去拉着特特的胳膊，把特特拽到洗漱间去。爸爸看不过去，质问妈妈："你吃枪药了吗？一回来就气鼓鼓的。"妈妈对爸爸的气愤正强忍着呢，借此机会正好发泄出来，为此妈妈又和爸爸大吵一架。

在这个事例中，妈妈的气愤无疑包含了很多杂质。妈妈并不是单纯因为特特在看动画片而生气，而是因为看到爸爸虽然在家里却没有给特特做饭而点了外卖，吃完之后又没有收拾餐桌，还坐在沙发上看手机。但是，妈妈不想直接和爸爸发生冲突，所以就杀鸡给猴看，把情绪发泄到特特身上。对于特特而言，无形中成为妈妈的出气筒，受了莫大的委屈。实际上，正确的做法是，妈妈如果对爸爸有不满，就应该直截了当地对爸爸表达出来。妈妈如果觉得特特看电视的时间太久，也可以提醒特特关掉电视休息眼睛，然后洗澡睡觉。就事论事，既可以避免让孩子充当出气筒，也可以让父母剔除气愤的杂质，从而让气愤变得更加洁净。

父母要剔除气愤的杂质，让气愤变得更加纯粹简单。在确定孩子犯错之后，直接正面地为孩子指出错误，督促孩子改正错误，这是正确的教养方式。最糟糕的做法，就是对孩子表达愤怒的时候带有太多的负面情绪和气愤杂质，导致孩子无形中成为父母的出气筒，这十分不利于孩子身心健康成长。

在情绪红灯前，宁停三分不抢一秒

很多老司机都对交通规则倒背如流，也知道遇到红灯的时候宁停三分不抢一秒，否则，一旦破坏交通规则，就有可能招致灾祸。实际上，不仅交通有信号灯，情绪也是有信号灯的。在情绪的红灯面前，作为父母，我们也要做到宁停三分不抢一秒，这样才能最大限度地控制好情绪，并给孩子积极的引导。

心理学家经过研究发现，生气会使人智商降低，失去理性。实际上，这是有据可循的，因为大多数人都曾经有过被气昏了头，导致无法理性分析和解决问题的经历。因此，在面对气愤的时候，我们宁愿停下来，也不要被情绪驱使着做出冲动的举动。如果不能及时暂停情绪，还可以离开让我们情绪冲动的情境，从而先冷静处理好情绪，再来理智地处理问题。否则，如果情绪始终处于失控的状态，是根本不可能处理好任何问题的。

在亲子教育中，很多父母都告诉孩子“打是亲，骂是爱”，以爱的名义对孩子进行打骂和体罚。实际上，父母之所以在盛怒之下对孩子发泄情绪，不是因为爱孩子，而只是因为没有管理好自身的情绪。因此，当再次感到情绪冲动、即将要对孩子做出过分举动的时候，父母不如提醒自己管理好情绪。停下来，是帮助情绪恢复理性的最好方式之一，正如曾经有人说的，时间是良药。作为父母，如果不能理性处理好情绪问题，我们不如来一个情绪的急刹车，从而让情绪恢复平静和理性。这也是给自己留下缓冲的时间，尽量争取与情绪和平共处。

现代社会生存压力越来越大，工作节奏越来越快，很多父母因为兼顾工作与家庭，都感到压力山大，为此内心也有各种各样的焦虑情绪无以排遣。因而父母发脾气未必都是因为孩子表现特别不好，而有可能是因为自身焦虑情绪的驱使。曾经有心理学家经过研究发现，很多人所焦虑和担忧的事情，未必会真的发生。从这个角度而言，父母要想承担起合格教育者的角色，就要学会处理焦虑和忧愁，从而成为自身情绪的主宰，更好地消除负面情绪，在生活中表现出积极的一面。

时间是治愈情绪的良药，对于父母来说，不管是为了消除自身的焦虑情绪，还是为了平静情绪面对孩子，都不妨多给自己一些时间。当用时间把我们与坏情绪隔离开来，我们就能做到积极理性地面对情绪，也能做到保证孩子的心理健康，引导孩子快乐地成长。父母是亲子教育的主体和主导者，为了防患于未然，父母应该及时关注和体察自身情绪，在意识到情绪问题的时候，第一时间解决和处理好情绪问题。这样，在面对孩子的时候，父母才能始终保持好情绪，才能把对孩子的教育发挥到极致。

不要把孩子的不良行为与道德捆绑起来

对于年幼的孩子，包括父母在内的很多人，都对他们非常宽容。例如，同样的言行举止，如果是成人做出来的，就会遭到大家的指责，而如果是年幼的孩子做出来的，大家都能宽容。走在街道上，看到一个残疾人，两三岁的孩子也许会指着残疾人告诉父母“那个人只有一条腿”，对于孩子这样的言行，父母会提醒孩子“不要说，要懂得礼貌”；然而，这样的行为如果是青少年做出来的，父母就会马上严厉斥责孩子，“你怎么这么没礼貌，居然嘲笑别人残疾，这是没有道德的表现”。实际上，青少年尽管比年幼的孩子年长，他们也同样有好奇心，也想把自己看到的不同寻常的事情与父母分享。若父母把孩子的不良行为与道德捆绑在一起，就会激发起孩子的逆反心理，甚至令其抵触与父母沟通。再如，家里来了客人，年幼的孩子不愿意向客人问好，是可以被原谅的；如果青少年不愿意向客人问好，则会被冠以“不懂礼貌，缺乏教养”等道德标签。不得不说，这是在用道德绑架青少年。

孩子正处于身心发展的特殊阶段，难免在很多方面都无法令父母满意。作为父母，我们要耐心地引导孩子，而不要总是对孩子的成长指手画脚；也要尊重孩子的身心发展规律，而不要随意强制要求孩子必须达到成人的言行举止标准。此外，孩子的成长也与家庭环境、父母的言传身教有密切的关系，作为父母，我们与其指责孩子，还不如审视自己是否做得很好。

正在读初中的米粒比同龄女孩成熟得更早，尤其是对于美的追求更加强烈。当班级里大多数女孩都不知道何为美的时候，米粒对妈妈提出要求：“妈妈，你不要给我买衣服了，我要自己去挑选喜欢的衣服。”果然，米粒再也不穿妈妈擅自买来的衣服，而总是要求妈妈带着她一起去选购衣服。不得不说，米粒的审美水平的确高于妈妈，她选中的衣服款式都更加时尚。

打扮入时的米粒，就这样成为班级里的另类，很多女生都对米粒指指点点。到了初三，米粒还要求化淡妆，让妈妈为她购买粉底液等基础护理用品。对此，妈妈也颇有微词：“你这个孩子怎么这么爱美呢，天生就是个小狐狸精啊！”米粒不知道小狐狸精是什么意思，还专门请教了妈妈。妈妈告诉米粒：“爱打扮的女孩，只顾着爱美，徒有其表，还因为时髦的打扮吸引很多男人，就是狐狸精。”米粒知道了“狐狸精”的意思，感到很伤心，但是她不愿意妥协，她喜欢美，也追求美，所以不愿意放弃美。在被妈妈说作“狐狸精”之后，米粒对于美的追求更加热烈，她心底里偏偏不服气：谁说爱美就是狐狸精呢？我就要当一个爱美的正派女孩。

不得不说，妈妈对于米粒的评价是大大失当的。妈妈在传统观念的影响下，觉得女孩一定要朴实，尤其是学龄阶段的女孩，更是没有权利追求美、表现美。其实不然。孩子尽管小，对美也是有鉴赏力的，因而孩子有权利追求和表现美。妈妈应欣赏米粒的美，引导米粒适度爱美，而不应给米粒贴上这样的负面标签。正是因为妈妈言辞失当，导致米粒产生逆反心理，对于美的追求变本加厉，还有可能因为失去妈妈的引导而走偏。作为父母，本着对孩子负责的态度，我们一定要以正确的方式引导孩子，而不要简单粗暴地否定孩子，甚至完全放弃对孩子的引导，这是不负责任的教养方式。

现代社会提倡每个人都要有个性，坚持做真实的自己，而不要如同流水线上的产品一样千篇一律。因而父母更要了解孩子身心发展的规律和特定年龄段的行为表现，要接纳孩子最本真的样子，而不要总是以道德绑架孩子，也不要为了迎合他人而随意改变或者强迫孩子。每个人都有选择生活的权利，都有主宰人生的自由，孩子尽管是因着父母来到这个世界上，但是他们既不是父母的附属品，也不是父母的私有物，而是完全独立的人。对于孩子的表现，父母要理性分析和对待，而不要不由分说就否定和批评孩子，更不要不负责任地给孩子贴上各种标签。

现实生活中，很多父母都会情不自禁地把孩子的言行举止道德化，对于孩子提出过高的要求。父母一定要知道，这种简单粗暴的教养方式会伤害孩子稚嫩的心灵。大多数孩子都不会违反道德，也都遵纪守法，所以父母要尽量减少给孩子贴上道德标签的次数。在教育过程中，父母一定要本着认真负责的态度，就事论事地对孩子展开教育，并针对孩子遇到的困境给予有效的支持和帮助。当然，父母可以以高的道德标准要求自己，从而给孩子树立积极的榜样，所谓严于律己、宽以待人，在这个方面理应有所表现。曾经有人说过，要把道德作为自己头上的皇冠，而不要把道德强加于人，使道德成为他人身上的枷锁。对于父母，这个道理同样适用，父母要更加尊重和理解孩子，也要以合理的方式引导孩子。

纯粹生气，简明扼要地向孩子表达

在教养孩子的过程中，若孩子接二连三地犯错，那么几乎没有父母能不生气。也因此，生气是亲子教育的常态。为了避免在愤怒的情绪状态下做出伤害孩子的事情，父母最重要的是学会明确向孩子表达纯粹的气愤。这样一来，就可以避免因为愤怒伤害孩子，也可以把愤怒对孩子的伤害降至最低。

很多父母误以为不能对孩子表达愤怒，实际上这种理解是错误的。父母当然有权利生气，因为每个人都是情绪动物，都有情绪的起伏，父母也不例外。然而，父母要注意采取正确的方式表达愤怒，从而避免让气愤掺入太多的杂质。从心理学的角度而言，气愤并非负面情绪，气愤也是情绪的一种，也是合理存在的，有的时候，气愤还可以起到积极的作用。从传达信息的角度而言，情绪是一种信号，当孩子感受到父母的愤怒，就相当于接收到父母传递出来的情绪信号。在这种情况下，有相当一部分孩子会开始积极主动地反思自己，从而有效地改正错误的行

为、修正自己的言行，进而符合社会交往的要求和标准。

如果父母误以为气愤只会起到负面的作用，而且把气愤视作一种不好的行为，那么父母就会徒劳地要求自己不能生气。实际上，人非圣贤，谁能做到完全心如止水呢？人是群居动物，每个人都在人群中生活，都会因为自身或者外界的各种原因产生情绪波动。为人父母者，即使在面对自己亲自生养的孩子时，心中也难免会激起波澜。尤其是处于成长阶段的孩子还很懵懂无知，却已经具备自由行动和决策的能力，为此更是容易做出让父母提心吊胆、心惊胆战甚至怒火中烧的事情来。在这种情况下，父母一定要合理控制情绪，且要引导愤怒的情绪发挥积极的作用。

如何才能保证气愤很纯粹，并以合理的方式表达出来，对孩子起到积极的推动作用呢？首先，不要有隔夜仇。常言道，夫妻没有隔夜仇，就是告诉作为夫妻的人们要积极地处理愤怒的情绪，及时解决问题。为了避免气愤发酵，也为了避免气愤掺入杂质，父母也要及时对孩子表达愤怒。其次，为了保持理智，以合理方式发泄愤怒，父母要运用好情绪红灯，用适当的时间把自己和负面情绪隔离开来。这样，父母才能在冲动之余找回理性，才能在激动之余恢复平静。只有做到以上两点，父母才能以恰当的方式向孩子表达纯粹的气愤，从而就事论事，并提醒孩子反思自我，及时改正错误的言行举止，让自己表现更好。

如果父母实在不知道如何做到向孩子表达气愤，可以以最简单的方式进行，那就是直截了当地告诉孩子“我很生气”。没错，就是这四个字，就可以告诉孩子你此时此刻的情绪状态，并让孩子马上开始反思自己，思考父母为何会生气。要表达纯粹的气愤，还要尽量从主观角度跳出来。每个人在思考问题的时候，都会情不自禁地从主观角度出发，这是难以避免的。很多父母在亲子相处过程中，也总是以自己的思想揣测孩子的言行，或者以自己的评判标准去评判孩子。殊不知，这对于孩子而言是不公平的。作为父母，如果你真的很生气，何不告诉孩子你很生气，然后给孩子机会去反思和改正呢！当然，如果孩子年纪比较小，无法做到合理有效地反思，父母还可以尽量客观地告诉孩子错误的事实。记住，父母对待孩子的方式，必然对孩子现在改正错误和未来做人做事形成影响，因而父母不仅要考虑一种教育方式短暂的效果呈现，也要考虑父母在教育过程中的行为表现将会对孩子的心理状态和情绪感受起到怎样的影响作用。有人说，父母是这个世界上最伟大的、需要毕生从事的事业。的确如此，每个为人父母者都没有经过岗前培训，都凭着本能去爱孩子，因此，父母也要主动学习，更加了解孩子的身心发展规律和特点，从而有的放矢地教育孩子，卓有成效地引导孩子。既然父母这份事业不好做，我们就更要打起十二分的精神来去做好。记住，当好父母，要从自身开始做起，也要对自己高标准严要求。

明确告诉孩子不能做的原因

在新生命呱呱坠地之前，很多父母对于孩子的要求很低，只希望孩子健康，而健康的标准就是智力发育正常、四肢健全。然而，随着孩子渐渐长大，进入幼年时期，父母对于孩子的期望也发生了改变。看着才两三岁的孩子经常被头疼脑热折磨，父母只希望孩子不生病，每天都开

开心心的。但是好景不长，孩子进入幼儿园，迈出进入社会的第一步，也有了更多同龄人在身边，父母开始情不自禁地拿自家孩子与其他家孩子比较，如孩子吃饭好不好、自理能力如何。等到孩子进入小学，一家人其乐融融的日子算是彻底结束了，接下来的日子必然进入鸡飞狗跳之中。这是为什么呢？因为父母的教育焦虑症在所有父母都教育焦虑的社会背景下全面爆发，尤其是在加入老师建立的QQ群、微信群之后，父母连暂时的淡定都做不到。不得不说，要想家庭教育和谐健康，父母先摆正心态是关键。

除了学习方面的冲突之外，在成长过程中，孩子的言行举止不符合父母的预期，也是亲子冲突频繁爆发的关键原因所在。孩子因为年龄的限制，原本就心智发育不完善，人生经验匮乏，因此，在亲子沟通中，很容易因为错误的言行举止而被父母批评指正。从本质上而言，孩子是愿意学习，也希望不断进步的。但是很多父母在指正孩子的时候，往往会犯各种各样的错误。最显而易见的错误，即父母只是粗暴地告诉孩子不能做什么，而不愿意再多费一些口舌告诉孩子不能做的原因。偏偏孩子的好奇心很强烈，而且性格倔强，所以不知道原因的他们非常抵触，总是不愿意盲目按照父母所说的去做。当父母与孩子之间陷入较劲的状态，就会出现父母坚持、孩子抵触的尴尬局面，导致父母与孩子之间的沟通陷入困境。

不可否认，父母对待孩子的管教未必都是理性的，很多父母之所以禁止孩子做某件事情，往往是因为自身的好恶。而父母若是出于理智不让孩子做某件事情，则总是能说出理所当然的原因。强迫孩子做某件事情，效果总是很差。只有让孩子心服口服，他们才会心甘情愿地听从父母的建议。这就又回到前文所说的观点，那就是对孩子要做到“不含敌意地坚持，不带诱惑地深情”。作为父母，在禁止孩子做某件事情或者要求孩子做某件事情的时候，我们一定要心怀坦荡，告诉孩子客观的原因，而不要以某个人的主观喜好和感受为标准对孩子提出要求。

放学回家之后，特特一直在看动画片。妈妈想到晚饭马上就要好了，因而也没有催促特特写作业。但是饭做好之后，特特依然沉浸在动画片的情节里，不愿意离开。为此，妈妈对特特说：“特特，赶紧吃饭，还得写作业呢！”特特一听到吃完饭就得写作业，非但没有积极地来吃饭，反而更加拖延下去。

好不容易来吃饭，特特又磨磨蹭蹭，为此妈妈又对特特说：“特特，快点儿吃，不然完不成作业，老师会生气的。”特特才不在乎老师是否生气呢，为此他对妈妈的话置若罔闻，根本没有放在心上。对于特特的表现，妈妈非常生气，说：“特特，你要是再不听话，我就让爸爸下班回来揍你。”面对妈妈明显的敌意，特特勉为其难地接受了妈妈的要求，也努力去做，但是显然缺乏内驱力，所以他表现出厌倦的样子。

在这个事例中，妈妈与特特的沟通始终陷于误区之中。首先，妈妈督促特特吃饭的目的是让他早点写作业，实际上，如果不及时吃饭，饭菜就会凉掉，这是提醒孩子吃饭最理所当然的理由。后来，特特磨磨蹭蹭地吃饭，妈妈又提醒特特，如果不能按时完成作业，老师会生气。在这里，妈妈心虚，自以为无法说服特特，就把老师搬出来“镇压”特特。后来，面对特特的不以为然，妈妈更是恐吓特特，说要让下班回家的爸爸揍特特，这才迫使特特表现得更好一些。实际上，妈妈列举的这些理由，对于特特而言都是很乏力的，也根本无法督促特特作出更好的表现。

作为父母，我们在和孩子沟通的过程中一定要做到一点，那就是明确告知孩子客观存在的原因，而不要给孩子本应该做的事情加上各种各样乱七八糟的理由，否则反而会在孩子面前表现出虚弱的样子，也会导致亲子沟通出现障碍、家庭教育效果大打折扣。举例而言，父母在督促孩子学习的时候，可以告诉孩子“只有认真读书，将来才能有更多的选择，享受人生的自由”；在叮咛孩子吃饭的时候，可以告诉孩子“身体需要养分，必须认真吃饭，均衡营养，才能长得高大强壮”；想要禁止孩子在地上打滚的时候，可以告诉孩子“地上有很多细菌，会导致人体生病，所以要讲究卫生”……总而言之，父母要更加关注事情本身，这样才能义正词严地说服孩子，并达到教育孩子的目的。

以合理的方式表达愤怒

对于前文所说的“不发脾气”，想必很多父母仍难以接受：每天面对倒霉的熊孩子，怎么可能做到不发脾气呢？在这个世界上，有哪一个父母能够做到绝对不发脾气，始终对孩子和颜悦色呢？的确，这是很难做到的。说起来容易的事情，做起来总是会让人产生强烈的心理反差，导致做起来很难。实际上，对于难度很大的事情，如果正面攻克不能实现，也可以采取迂回曲折的方式。前文不但告诉每一位父母不要随随便便就对孩子发脾气，也告诉父母们，还可以采取其他的方式积极地表达愤怒的情绪，这种方式就是控制好情绪，保持理性，并保证气愤是纯粹的，是针对某一件具体事情的，而不包含杂质。从亲子教育的角度而言，父母表达愤怒还能督促他们更加积极地反思自我，从而及时改正错误的行为举止。当然，这一切的前提都是父母能够及时地以正确的方式表达纯粹的气愤，而不使原本简单的事情变得复杂。

很多父母已经习惯于在潜意识的驱使下以指责、训斥的方式表达愤怒，这是为什么呢？这是因为，父母在生气的状态下，不知不觉间就把愤怒指向导致自己生气的孩子。他们很清楚自己在生孩子的气，哪怕有时已经忘记为何要生孩子的气，不得不说，这是本末倒置。孩子不是气愤的根源，指责孩子也不是表达愤怒的目的。理智去思考，父母当然知道孩子做错的事情是引起气愤的根源，帮助孩子改正错误才是表达愤怒的目的。遗憾的是，大多数父母都会被气愤冲昏头脑，也常常因为情绪的冲动而陷入被动的状态之中，被歇斯底里的情绪驱使着对孩子做出过激的举措。

当父母忘记了气愤的根源和表达愤怒的目的，而把愤怒的利剑直接指向孩子的时候，无异于在告诉孩子："是你造成了我的痛苦。"这样一来，孩子也会跟随父母的思路忽视问题和错误本身，而产生深深的愧疚感：是我导致父母这么伤心痛苦，我是罪恶的。由此一来，孩子心情沉重，而又茫然不知所措。父母必须弄清楚一个问题，从心理学的角度而言，一个人的心情完全是自己主宰的，而不取决于他人。在亲子关系中，当父母因为孩子的错误而气愤，并不是因为孩子的错误本身不可原谅，而是父母的心情起到了主导作用。所以不是孩子使父母痛苦，而是父母没有摆正心态、调整好心情，导致对于孩子的行为反应过激。认清楚这一点，父母才能控制好情绪，才不会再把所有的责任推卸到孩子身上。作为父母，我们既然是亲子关系的主导者，就理应以平静的情绪面对和接纳孩子，也应该有能力处理好各种如同潮水般袭来的情绪。

当然，这并非说父母不能生孩子的气，也不是为孩子开脱，说孩子完全是无辜的。而是告诉每一个为人父母者，只有能够做到调整心态、换个角度看待孩子的错误，才能控制好情绪，并以健康的心态面对孩子。举例而言，孩子考试成绩不好，父母觉得很丢脸，其实并非糟糕的成绩让父母丢脸，而是父母总爱拿自家的孩子与别人家的孩子比较，且自认为成绩不够优秀就是丢人的，所以才会觉得丢脸。正如曾经有一位名人所说的，心若改变，世界也随之改变。唯有理解这一点，父母才能主动改变方式去表达愤怒。

父母还应该知道，孩子之所以犯错误，一定是有原因的。有些孩子因为需求得不到满足而心怀不满，有些孩子因为没有得到父母足够的重视而调皮捣蛋吸引父母的注意力，还有些孩子因为缺乏父母的陪伴而变得孤独寂寞，不得不整日与电脑游戏为伴，也有的孩子之所以喜欢与人争辩，是因为他们有自己的思想和主见……作为父母，我们要承担起理解孩子的角色，从而更加深入了解孩子的内心，体谅孩子的情绪感受和想法见解，既肩负起监护孩子的重要职责，也做好陪伴孩子的良师益友，唯有如此，才能拥有更加友好的亲子关系，增进亲子感情。

愤怒有好几个层次，明智的父母会提升愤怒的层次，而不是一味地抱怨、指责甚至是惩罚孩子。在愤怒的低级层次，父母把一切责任都归咎到孩子身上，指责和攻击孩子。在愤怒的中级层次，父母意识到自己之所以生气并不是因为孩子的行为本身，而是因为自身的心理需求没有得到满足。在高级层次，父母才能意识到孩子的不良行为都是因为某种心理需求没有得到满足而引发的，从而理解孩子、尊重孩子，并竭尽所能地帮助孩子、满足其心理需求，从而使得亲子关系中的难题迎刃而解。总而言之，父母一定要学会合理表达愤怒，这样才能让亲子教育对孩子起到积极的作用，并有助于亲子关系的良性发展。

第 05 章

父母恰当的说话方式，能够让孩子及时改正缺点

在亲子沟通中，很多父母都频繁指出孩子的缺点和不足，目的在于什么呢？毋庸置疑，教育的目的不在于打击孩子，而在于帮助孩子纠正某种错误的行为、改正缺点。因此，父母千万不要本末倒置，因为小小的错误就给孩子贴标签，甚至全盘否定孩子，否则只会导致孩子自暴自弃、破罐子破摔，无法取得进步。最重要的是就事论事，控制好愤怒，合理表达愤怒，这样才能让孩子更加关注错误本身，并积极地提升和完善自己。

不要总是逼问孩子

每一个父母都是望子成龙、望女成凤的，他们不仅希望孩子在学习上出类拔萃，而且希望孩子拥有广泛的兴趣爱好，思想上更有深度，品质上更加高尚。然而，孩子是人，不是神，不可能无所不能，更不可能面面俱到。所以，面对父母的追问——为什么做不到？为什么不按照父母所说的去做？很多孩子都无言以对，更无法给出合理的解释。实际上，这不是因为孩子不想做得更好，也不是因为孩子的能力达不到，而是因为孩子需要更加明确的指导。认清楚这个原因之后，父母才会意识到，与其逼问孩子，不如给予孩子具体的建议和解决问题的方案，孩子也许会表现得更好。

遗憾的是，在家庭教育中，很多父母都已经习惯质问孩子为什么。孩子因为年龄的限制，思维能力有限，人生经验匮乏，所以很难顺畅回答父母的提问。从另一个角度而言，父母在追问孩子的时候，无形中也是把自己都无解的难题抛给了孩子。即便孩子是行为主体，他们也无法知道在行为背后隐藏的深层次心理原因，对于父母都不知道解决方案的问题，孩子更是难以仅仅依靠自身的力量就想出彻底的解决之道。从这个角度而言，父母不要总是质问孩子为什么，而是应该先深入分析和思考问题，从而找到答案，再去引导孩子。

这一段时间，妈妈发现，原本特别想有一个妹妹的露西，对于妹妹的态度发生了很明显的改变。例如，在妹妹莉莉刚刚降临人世，还是襁褓中婴儿的时候，露西总是很疼爱妹妹。但是，随着莉莉不断成长，学会和露西争夺玩具和美食，露西对于莉莉的态度就变得截然不同了。

当莉莉吃着妈妈精心准备的婴儿辅食时，露西即便对那些泥糊状的食物根本不感兴趣，也会和莉莉争夺一番；当莉莉拿着幼儿玩具玩耍时，比莉莉大五岁的姐姐露西明显出现行为倒退，居然也对小儿科的幼儿玩具表现出浓厚的兴趣。每当露西以不符合年龄阶段的行为表现与莉莉发生争执和矛盾时，妈妈总是很气愤，她想不通露西为何总是出现倒退行为，导致与莉莉纷争不断，为此，妈妈也常常在歇斯底里之余质问露西：“你为什么不能让着妹妹？你为什么总是要惹得妹妹哭泣？”每当被妈妈质疑，露西总是一脸茫然的样子，她根本不知道自己应该怎么做。被妈妈批评得次数多了，露西也很郁闷。

直到有一天，妈妈有机会与一位儿童心理学专家交流，这才知道对于孩子应该侧重于明确告诉孩子怎么做，而不是质问孩子为什么。妈妈尝试着改变协调露西与莉莉矛盾的方式，例如，在露西坚持要看动画片的时候，妈妈对露西说：“你看半个小时，然后把电视交给妹妹看。”这样一来，露西到了半个小时，尽管很不情愿，却也按照约定把电视让给妹妹看，有效减少了姐妹之间发生争执的次数。

在漫长的成长过程中，每个孩子都有可能犯错误。对于孩子而言，这样的错误是成长必然经历的阶段，但是，作为父母，我们如果不能做到正确面对孩子的错误，就无法给予孩子积极的引导，甚至会因为错误的方式方法而给孩子造成内心的困惑，乃至伤害孩子稚嫩的心灵。

教育孩子，真的是一项任重而道远且非常微妙的工作，如果父母无知，那么必然觉得教育孩子很简单；相反，如果父母懂得一定的儿童心理学知识，则越发觉得教育孩子是一项艰难的工作。就像人们常说的，学医三天，走遍天下；学医三年，寸步难行。实际上，这不是说随着学习的时间增长人的医术更加落后，而是说，随着学习的时间增长，人对医术更加精通，因而反而战战兢兢、如履薄冰。父母教育孩子也是如此，无知的父母对于孩子什么都敢说、什么都敢做，而懂得育儿知识的父母反而更加小心谨慎，生怕疏漏了某一个方面就会给孩子造成困扰和伤害。

每当孩子的言行举止不符合父母预期的时候，父母不要一味地逼问孩子为什么，而是应该主动思考问题、分析问题，这样才能找到儿童行为背后深层次的心理原因，才能卓有成效地指引孩子，给予孩子正确清晰的引导和帮助。

帮助孩子有效改变坏习惯

曾经有人说，养成一个好习惯需要漫长的时间，而改掉一个坏习惯则需要更长的时间。相反，形成一个坏习惯很容易。因此，在教育孩子成长的过程中，父母要多多引导孩子，及时把走偏的孩子拉回正轨上来，这样才能保证孩子始终行走在正确的道路上。从某种意义上来说，孩子可以进步慢，但是最好不要走弯路。在正确的道路上，即使一步一个脚印地积少成多，只要保持持续进步的姿态即可。如果走到错误的道路上，或者因为方向错误而南辕北辙，那么再想纠正就很难了。

因此，不管纠正坏习惯有多么难，父母都要坚持去做。有人说，习惯决定人生，尽管这么说有些太过绝对，却也有一定的道理。当发现不管采取多少种方式都无法卓有成效地改变孩子的坏习惯时，不如尝试着让孩子头撞南墙再回头，也就是让孩子因为错误的行为习惯惹上麻烦，并让孩子亲身感受到处理麻烦的烦恼，这样孩子才会主动改变行为，父母的管教自然也事半功倍。

对于已经成为习惯的不良行为，一味地告诉孩子不应该怎么做或者应该怎么做，显然已经无法起到预期的作用。那么不妨借鉴犯罪学上的原理，就是增加犯罪成本，这样一来，居心叵测的人在犯罪之前，就会反思自己，并衡量是否值得犯罪。当然，孩子的不良行为和犯罪没有任何关系，但是孩子也有小算盘，也会计算自己做某件事情要付出的代价。当父母让孩子意识到做不良行为之后会有一系列的麻烦事，孩子当然会更加慎重。

有意识地加大孩子不良行为引起的麻烦，让孩子陷入麻烦引起的困扰之中，可以让孩子更加精于算计，知道自己轻易做出不良行为会引起的一系列麻烦，由此，他们就会产生内在的约束力，督促自己规范言行。

通常情况下，对于孩子的不良习惯，父母也许会采取强制纠正的方式。当然，在纠正孩子的不良行为时，父母也要注意区分导致不良行为的原因。例如，如果孩子是因为对身体感到好奇，所以触摸自己的身体，那么父母应认真地给孩子上一堂生理卫生课程，讲述身体构造给孩子听。再如，如果孩子是因为无聊才对自己的身体感兴趣，那么父母可以经常陪伴孩子一起玩耍，让孩子变得兴趣广泛、生活充实，这样孩子自然就不会做出无聊的事情。当然，孩子的坏习惯有各种各样的情况，父母不但要了解孩子的脾气秉性，也要了解孩子的身心发展特点，这样才能理性思考孩子的成长，给予孩子最佳的引导和帮助。

不要向孩子的任性“屈服”

随着独生子女政策的推行，很多家庭里都只有一个孩子。最早的独生子女一代——“80后”，如今也已经结婚生子，成为独特的4-2-1两代独生子女家庭中的中坚力量，他们本身就是独生子女，并养育了独生子女。虽然这两年国家放松了政策，允许生育二胎，但是，很多本身作为独生子女的父母，根本不愿意养育多一个孩子。一则是因为经济压力大，二则多生养一个孩子也要付出加倍的时间和精力，成本不可计量，所以除非发自内心想多要一个孩子，否则根本没有父母愿意多生。在这种情况下，作为独生子女的未成年人，独享祖辈和父母所有的爱，未免自我骄纵、任性妄为。他们已经习惯了作为整个家庭的重心，得到家庭中成年人所有的爱。渐渐地，他们变得越来越任性，唯我独尊，考虑问题也总是从自身角度出发，丝毫没有考虑到父母需要为他们付出多少。

在这样独特的家庭结构中，父母一定要坚持不向孩子的任性屈服，这样才能帮助孩子循序渐进地改掉任性的坏习惯。否则，一旦父母有一次屈服于孩子的任性，就会导致孩子的任性行为变本加厉，毫无疑问，即使孩子在父母身边得到无微不至的照顾和关爱，一旦走上社会，也必须要符合社会上的行为规范和准则。所以有人说，父母的溺爱是对孩子

最大的伤害，这是因为社会上没有人会忍让孩子，更没有人会像父母一样无限度地宽容孩子、宠溺孩子。因而明智的父母不会把孩子的任性归结于性格原因，也不会肆意纵容孩子。

父母要明确意识到，任性的孩子不是因为性格才导致任性，而是因为父母的宽容与忍耐，甚至是溺爱与纵容，导致孩子形成了任性的坏习惯。如果没有人惯着孩子，孩子还会任性吗？因此，父母一定要及时改正孩子错误的行为习惯，这样才能引导孩子的身心健康地成长。若父母把孩子任性归结于性格原因，那么，众所周知，江山易改，禀性难移，孩子只会越来越放纵自己，也会对自己产生破罐子破摔的心态，结果将非常可怕。

有一天，妈妈刚刚下班回到家里，恬恬就要求妈妈帮她打开电脑看《螺丝钉》动画片。对于恬恬的请求，饥肠辘辘的妈妈说："好的，你耐心等待下，妈妈就去给你开电脑。不过，妈妈要先把饭吃完，因为妈妈工作了一天很饿。"对于妈妈温言细语的解释，恬恬并不愿意接受，反而生气地对妈妈说："我不等，我就要现在开电脑。你如果不帮我开电脑，我就站在你这里不走啦！"妈妈看着恬恬一本正经的模样，不由得觉得好笑："好吧，你如果不想走，那就站在这里吧！不过，妈妈必须吃完饭才能去给你开电脑。"显而易见，恬恬没有得到自己想要的答案，为此，她感到很伤心，并不满地噘起嘴巴。

妈妈继续吃饭，丝毫没有着急的样子，也不想中断吃饭去给恬恬开电脑。恬恬更生气了，于是哭闹起来，妈妈继续说："恬恬，不要哭啦，妈妈吃完饭就给你开电脑。"直到按部就班吃完饭，妈妈才去帮恬恬开电脑。如此几次三番之后，恬恬再也不在妈妈吃饭的时候缠着妈妈开电脑了。看着恬恬乖乖地耐心等待妈妈吃完饭，妈妈觉得很欣慰。

妈妈对待恬恬是很有原则的，她想让恬恬知道，让妈妈安稳地吃完饭，比开电脑更重要。在这样坚持几次之后，恬恬意识到任性也无济于事，因而能够接受妈妈吃饭的现实，也不会再一味地催促妈妈。面对孩子的任性，父母一定要坚持原则，不要总是随意对孩子妥协，否则就会导致孩子变本加厉。孩子是很敏感的，他们能够觉察到父母的态度，也会调整策略对待父母。因此，对于原则性问题，父母必须坚持原则，而不要轻易妥协。

当孩子不停地哭闹以要挟父母的时候，父母还要注意，不要因为心烦就打骂孩子。做和善而坚定的父母，意思就是说父母的态度要坚定，语气要和善，总而言之，父母要有耐心，孩子越是情绪烦躁、哭闹不休，父母越是要态度缓和、坚持原则。此刻，还可以采取冷处理的方式，即让孩子哭得尽兴之后，情绪恢复平静和理智。总而言之，不要让孩子的任性得逞，否则孩子就会更加频繁使用任性的方式要挟父母，这样也会导致父母在亲子关系之中陷入被动。

要孩子承受乱发脾气的代价

任性的孩子总是喜欢随便发脾气，因为，任性的经验告诉他们，只要坚持任性，就能取得自己想要的结果。在这种情况下，父母一定不要惯着孩子，为了帮助孩子改掉乱发脾气的坏习惯，最好的方式是让孩子为乱发脾气付出代价，并承受乱发脾气的严重后果。很多父母总是疼爱孩子，觉得孩子还小，情绪不稳定是正常的，也因此始终包容孩子的坏脾气，且从来不让孩子为自己的坏脾气付出代价。殊不知，这恰恰是导致孩子的坏脾气变本加厉的原因。对于父母而言，唯有让孩子认识到乱发脾气必须得付出代价，才能卓有成效地改善孩子的坏脾气，让孩子对于自己的言行举止有所收敛。

有的时候，孩子在乱发脾气之后会后悔，如果孩子当即认识到错误，并能及时作出正确的决定，父母还是可以支持孩子的。但是，如果孩子在犯错之后很久都没有认识到错误，又过去很长时间才感到懊悔，那么父母必须坚持让孩子为坏脾气付出代价。当然，这并不是要父母体罚孩子，很多父母会因为把付出代价与体罚孩子弄混，而无法做到对孩子坚持原则。每个人都要为自己的行为付出代价，孩子也要知道闹脾气的严重后果。这样，孩子才能从被外部约束转为主动内部约束，才能形成自控力和自我约束力。

爸爸的单位要组织去上海迪士尼乐园玩，乐嘉一听到这个消息非常高兴，当即一蹦三尺高，兴奋不已。然而，爸爸突然得知乐嘉的作业还没有完成，因而狠狠训斥乐嘉："乐嘉，还有三天去上海，你如果不能按时完成作业，就不要去了。"对于爸爸的训斥，乐嘉觉得很委屈："整个暑假，我几乎一直都在补课，还要写作业，多么辛苦。"爸爸义正词严："补课辛苦，爸爸妈妈上班更辛苦，咱们全家人每个人都有自己的职责，没有什么可抱怨的。"乐嘉无言以对，说："我不去迪士尼了。"

听到乐嘉这么说，爸爸妈妈都很惊讶，要知道乐嘉可是早就梦想着去迪士尼了，为此，妈妈再次问乐嘉："这个机会很难得的，你就为了延迟几天完成作业，就要放弃吗？"乐嘉点点头，说："对，我不去了。”妈妈说：“你不去也可以，那就按照预期的时间，在一周之内完成作业。而且，你只有十分钟的考虑时间，如果十分钟之后你还是决定不去，那么你就没有机会改变主意，我将会作为家属和爸爸一起迪士尼乐园玩。”十分钟的时间很快过去，妈妈最后一次和乐嘉确定：“当真不去？”乐嘉正在气头上呢，因而气鼓鼓地说：“不去！”三天之后，妈妈和爸爸一起去了迪士尼，而把乐嘉留在家里。乐嘉懊丧不已，但是他已经没有机会改变决定。经过这件事情之后，乐嘉再遇到事情的时候，再也没有这么冲动过。又过去足足一年的时间，他才争取到去上海迪士尼乐园的机会。

在祖辈和父母的疼爱中长大，时时处处都以自我为中心，很多孩子都会形成任性的坏习惯，导致在处理很多事情的时候都由着自己的性子来，丝毫不愿意妥协和改变。实际上，对于孩子而言，任性是要付出代价的，也必然让孩子失去很多。父母一定要狠心让孩子付出代价、承担后果，这样孩子才会渐渐地改掉任性的坏习惯。

面对孩子的任性，父母一定要注意，不要对孩子妥协。有些父母预见到孩子即将付出的代价，因而总是一而再，再而三地希望孩子改变冲动的决定，殊不知，这样帮助孩子止损，只会导致孩子更加任性，也因为没有失去任何东西，他们还会对于任性缺乏深刻的认知。每个人都要在痛苦中成长，痛苦能够增加人生的分量，让人生变得更加充实丰盈。如果孩子不曾感受过痛苦，怎么可能成长，又怎么可能拥有丰富的人生感受和经验呢？

告诉孩子哪些危险行为是绝对禁止的

这个世界上并没有绝对的自由，这也就注定了每个人的自由都是相对而言的，都是在特定的约束范围内的自由。所谓没有规矩、不成方圆，在教养孩子的过程中，父母尽管要给孩子更多的自由，却也要针对很多特别危险的行为给孩子设立禁区。唯有如此，孩子才能明确自己可以做哪些事情、不可以做哪些事情，从而形成超强的自我约束力，并主动规范自身的言行举止。

被禁止的危险行为，是孩子成长的雷区。当然，父母也需要注意，不要对孩子限制太多。如果孩子始终在父母的琐碎要求下成长，则渐渐地就会形成胆怯退缩的性格。所以父母只需要规定孩子不许做绝对危险的行为，与此同时，也要激励孩子勇敢地去尝试很多有意义的事情。唯有如此，孩子才能两方面兼顾，顺利地成长。

很多父母对于孩子的爱太琐碎，也因此对孩子的管教事无巨细。殊不知，随着不断地成长，孩子必然要离开父母的保护和庇护，独自面对人生，在这种情况下，父母还能全方位保护孩子吗？所以，对于有些事情，如果孩子怀着强烈的兴趣想要尝试，父母不妨给孩子机会去尝试。俗话说，不撞南墙心不死，在保证孩子安全的情况下，哪怕孩子因为尝试而受到小小的伤害，这也是孩子得到的人生经验和教训。

可乐四岁，最近对于厨房表现出浓厚的兴趣，常常主动来厨房里帮助妈妈择菜，在看到锅灶上跳动着蓝色的小火苗，而且冒出蒸汽的时候，她总是表现出跃跃欲试的样子。妈妈一方面庆幸可乐对于厨房着迷，将来一定是个爱厨艺爱美食爱生活的女孩，另一方面也担心可乐懵懂无知，不小心会受到伤害。

有一天，妈妈正在接电话，厨房里的热水宝冒出蒸汽。可乐趁着妈妈不注意跑到厨房里，妈妈进入厨房的时候，发现可乐正在跃跃欲试、想要触碰热水宝。看到妈妈，可乐把伸出去的手缩回来。对于可乐的表现，妈妈说："可乐，你想试试这个热水宝吗？"可乐不知道妈妈是何用意，感到很迷惘。妈妈下定决心对可乐说："可乐，你来试一试，好吗？"尽管可乐很犹豫，妈妈还是拉着可乐的手，让可乐的一个手指触碰到热水宝。可乐马上被烫得哭起来，手指也红起来。妈妈问可乐："疼不疼？"可乐点点头。妈妈又问："以后还敢碰吗？"可乐摇摇头。妈妈找出薄荷牙膏涂抹在可乐的手指上，这才耐心地讲给可乐听："热水宝是非常热的，会把人烫伤，这还是热水宝的外壳。热水宝里面的开水，更是特别烫，会把皮肤烫得起大水泡，还有可能褪皮。所以厨房里的水、火都很危险，小朋友在没有长大之前是不能碰的。"可乐含着眼泪点点头。后来再去厨房，可乐只帮妈妈择菜，再也没有碰过锅灶。

要想让孩子躲避危险，除了要规定不能尝试的禁区之外，还应该强化孩子的积极行为和正面表现。例如，当孩子遵守约定表现良好时，父母要认可和表扬孩子。及时地留意到孩子的良好表现，并且慷慨地给予孩子赞扬，这样才能强化孩子的良好行为，让孩子形成良好习惯。很多父母总是误以为孩子的一切良好表现都是理所当然的，因而无形中忽略了孩子的良好表现，也对孩子的进步丝毫不放在心上。殊不知，孩子非常信任父母，也很重视父母的认可与赞赏。得到父母鼓励的孩子，会更加信心十足、动力充沛。而总是被父母否定或者忽视的孩子，会进步乏

力，导致人生的进取力量缺乏。

在家庭教育中，规矩的树立总是很难，需要长期的坚持和循序渐进的推进。作为父母，我们既要尊重孩子的天性，接纳孩子的本来面貌，也要帮助孩子规避危险，保证孩子健康快乐地成长。明智的父母会一本正经地告诉孩子哪些事情可以做，哪些事情不能做，也会抓住各种机会慷慨地表扬孩子，让孩子感受到来自父母的力量。

向孩子阐述正确做法

前文说过，“为什么”是父母心中的困惑，质问孩子是父母把自己无解的难题抛给孩子。那么，父母正确的做法是什么呢？与其询问孩子为什么，不如直接向孩子表达心中纯粹的气愤，并明确地告诉孩子应该怎么做。在父母的“为什么”之中成长的孩子，也许时间过去很久也没有进步。而能够按照父母明确的指示去做的孩子，在一次又一次的自我反思之中，往往能够不断地进步，并持续地积累。

很多父母都会从主观角度揣测孩子，甚至误以为孩子的思维模式和成人一样。殊不知，孩子的思维方式与成人不同，人生经验也很匮乏，如果他们在父母的质疑中始终处于不知所措的状态，那么，他们非但不能进步，反而会陷入退步之中，并由此进入恶性循环。父母肩负着帮助孩子摆脱恶性循环的重任，具体做法就是给孩子切实可行的方案，让孩子更正已经发生的错误行为，转而做出正确的行为。例如，家有二宝的妈妈，在看到大宝从小宝手里把玩具夺回去的时候，可以简明扼要地问大宝，“可以在半个小时之后把玩具借给弟弟玩十分钟吗”。这样的询问，让大宝感受到妈妈的尊重，也让大宝知道，兄弟姐妹之间应该互相爱护、彼此谦让。当然，妈妈还可以煞有介事地看一看时钟，从而以准确的时间开始计时。在妈妈一本正经的感染之下，大宝也更加愿意遵守时间。再如，有些孩子上学总是丢三落四，不是忘记带文具盒，就是忘记带书本，为了帮助孩子养成良好的习惯，父母不要只顾着责备孩子为何没有把书包收拾好，而应该明确告诉孩子，“每天写完作业之后收拾书包，确定文具、书本等是否已经都带好”。这样坚持去做，过不了多久，孩子就会养成良好习惯，也就不会总是丢三落四了。

在成长的过程中，孩子有很多困惑需要面对，作为父母，我们一定要明确告诉孩子该怎么做才能解决问题，这样一来，当孩子按照父母的建议去做，并且取得良好效果之后，他们自然会相信父母，也愿意主动配合父母。由此可见，改正孩子的言行举止，最关键的在于父母要采取正确的方法引导和教育孩子。

每天早晨，家里都要发生“大战”，这是因为特特起床太困难，而且起床之后总是磨磨蹭蹭。面对特特的表现，妈妈总是抱怨：“你这个孩子怎么这么懒惰呢？你每个星期都有几天迟到，总是被老师批评，不觉得丢人吗？”然而，这样的抱怨说多了，特特便充耳未闻，丝毫不放在心上。

期中考试之后，学校里召开家长会，老师点名批评特特是“迟到大王”，并且在家长会之后专门把妈妈留下来进行沟通，以期解决特特迟到的问题。妈妈无奈地告诉老师：“为了督促他不迟到，我简直嘴皮子都磨破了，却收效甚微。”了解妈妈的督促方式之后，老师反问妈妈：

“特特妈妈，既然您知道一味地督促没有效果，为何不想办法切实解决问题呢？”妈妈恍然顿悟：“是啊，我的确该出手了。”

回到家里，妈妈认真分析了特特总是迟到的原因，意识到，首先要解决如何让特特按时起床的问题。此前，特特陷入恶性循环之中，总是晚上不想睡，早上不想起，究其原因，还是因为睡眠不充足。为此妈妈和爸爸一致表态，要求特特每天晚上把洗漱休息的时间提前半个小时。果然，次日清晨特特起床没有那么痛苦了。其次，要解决如何节约宝贵时间的问题。妈妈从自身做起，决定买一个带有预约功能的电饭煲，这样可以头一天早晨就预约熬粥，第二天早晨起床只需要煎鸡蛋、抹面包即可，而特特也可以吃上温热可口的饭菜。最后，爸爸妈妈还制订了全家人的阶梯式起床计划，这样一来，就可以轮流使用卫生间，谁也不耽误使用。就这样，三管齐下，特特早晨速度飞快，有几次还第一个到达学校呢！

与其一味地质问孩子为何要迟到，不如切实有效地帮助孩子解决迟到的问题。孩子还小，思维能力有限，解决问题时更无法面面俱到。作为父母，我们不要总是质疑孩子，而应该认真理性地思考问题，从而把对孩子的教育和引导发挥到极致。

有的时候，孩子未必能够理解父母的良苦用心，但是，只要按照父母的安排去做，并且取得良好的结果，随着渐渐长大，他们会更加理解父母，也更加信任父母。解决问题，最重要的是切实有效，这个标准和原则是硬性指标之一。

当然，面对稍微大一些的孩子，父母还可以以引导为主。例如，面对孩子四处乱扔的脏衣服，不要质问孩子为何不讲卫生，也不要告诉孩子把衣服放入洗衣机，而是可以引导孩子“脏衣服应该放在哪里”，从而让孩子通过思考获得答案。再如，当孩子长了龋齿，不要质问孩子为何有龋齿，也不要告诉孩子必须认真刷牙，而是引导孩子，问他“如何才能避免龋齿”。这种引导的方式，对于稍微大的一些孩子效果非常好，既为孩子提出了具体方案，也能激发孩子自主思考，培养孩子解决问题的能力。没有任何一种教育方式是绝对正确且适合每一个孩子的，作为父母，我们要从孩子自身的发展特点出发，从而有的放矢、因人制宜，给出孩子适宜的教育和引导。随着不断成长，孩子处于飞速变化之中，父母还要与时俱进，才能跟得上孩子成长的脚步，让教育符合孩子的成长阶段和身心特点。

引导孩子积极地解决问题

以询问的方式引导孩子进行思考，效果未必很好，这样的提问和启发方式，也许只适合于蕙质兰心的孩子。为了帮助孩子更加积极地处理和解决问题，父母还应寻求更多卓有成效的方法，这样一来，不但能够激励孩子的思维，也可以启迪孩子的思路，让孩子从空想进入实干，切实有效地解决问题。

面对孩子不尽如人意的表现，很多父母心中都会感到困惑：为何孩子不能做得更好呢？为何孩子想不到那么周全的细节呢？殊不知，父母这样的自问自答，根本不利于解决问题，只会导致把思路局限于纠结方面，而无法提出有效的教育方法。为此，父母作为孩子的引导者，一定

要先展开行动，先理性思考如何解决问题，而不要一味地抱怨孩子、指责孩子，否则只会导致气愤淤积于心，而孩子却浑然不知。

父母是孩子的第一任老师，也是孩子最佳的榜样。父母的言传身教，对孩子起到很大的教育作用和影响力。当孩子看到妈妈面对难题的时候一直在积极地想办法解决问题，不断地尝试，努力找到突破口，则孩子耳濡目染，也会产生正向能量，也会真正迈出有实际意义的一步，去思考解决方案，并切实执行解决方案。在此过程中，父母与孩子共同进步，彼此都会获得成长，可谓皆大欢喜。

不得不说，孩子的教育过程是漫长的，也是各种情况不可预见和频繁发生的。尤其是孩子作为一个有独立行动能力的个体，却没有稳定的思想意识和行为习惯，更需要父母加大力度去监管。与此同时，父母还要给孩子自由。看起来，这两个方面是相互矛盾的，而实际上父母只有把这两方面完美融合起来，才能达到和谐统一。当然，这很难，却并非完全做不到。相信在父母耐心细致的引导下，孩子一定会养成积极解决问题的好习惯，也能够形成坚韧顽强的品质，在成长的过程中面对难题时迎难而上，绝不轻易放弃。可想而知，这对于孩子的一生都至关重要。

妈妈发现特特养成了一个坏习惯——经常擅自打开冰箱寻找食物，而且把食物拿到家里的各种地方吃，有的时候是沙发上，有的时候是电视前，有的时候是书桌旁，也有的时候甚至在床上。妈妈简直觉得崩溃，特特从小就已经习惯于在餐厅吃东西，为何现在反而会拿着东西在家里到处跑呢？

思来想去，妈妈觉得可能是因为爷爷喜欢拿着东西回到卧室吃，所以影响了特特。为了帮助特特找回就餐的好习惯，妈妈重新给特特制订规定，当然这个规定并非针对特特一个人，而是针对全家。为此，妈妈郑重其事地召开了家庭会议：“从现在开始，所有家庭成员都必须坐在餐桌旁吃东西，而不要拿着东西到处去吃，导致家里卫生状况堪忧，而且随意进食对于身体健康也不利。”说完，妈妈还强调每个家庭成员都要遵守这个规定，无一例外。尽管爷爷有些不高兴，但是妈妈很清楚，要想为孩子制订规矩，就要对全体家庭成员一视同仁，否则孩子就会对规矩产生抵触心理。

有一天傍晚，才放学回到家里，特特就说自己感到很饿，妈妈回答特特：“你去餐桌旁等着，我马上给你一份热狗。”特特听说有热狗可以吃，当然很高兴，当即欢呼雀跃，一蹦三尺高。因为等得着急，特特还打开电视边看边等，但是，等到热狗上桌时，妈妈对特特说：“关掉电视，吃热狗吧。”特特从妈妈的话里听到坚定的态度，因而乖乖地关掉电视。

这就是解决问题的办法，妈妈不仅给特特树立了好榜样，也让特特感受到规矩的力量。面对孩子成长过程中出现的很多问题，相当一部分父母感到不知所措。殊不知，对于孩子而言，父母的力量不可能永远陪伴着他们，当在人生中遇到问题的时候，他们只能从自身内在的力量出发，自己解决问题。

其实，不仅是孩子，就算是成人，在生活的过程中也会面临各种困难和阻碍。有人说，人生就是由一个个错误组成的，也有人说，人生是由一次次选择组成的。实际上，人生就是解决一个又一个的问题，这些问题或者很容易解决，也或者是很难于解决的。作为父母，我们要在孩

子小时候就有意识地培养和增强孩子解决问题的能力，从而帮助孩子激发自身的力量，拥有充实而又精彩的人生。

让孩子知道服从的重要性

现代社会的教育理念下，很多父母无形中把孩子的地位提高很多，导致孩子真正成为家中的霸主。实际上，尊重孩子并不意味着一切都由孩子说了算，尤其是在决定很多事情的时候，如果没有必要让孩子决策，就无须和孩子商量。如今，很多孩子在祖辈和父母的骄纵之下，总是任性妄为，因而他们需要的不是更加放大的权利，而是要明白服从是至关重要的。

遗憾的是，很多家庭里都奉行一切以孩子为重的思想，恨不得让整个宇宙都围绕着孩子转。例如，当带着孩子一起外出就餐的时候，父母们总是把点菜的权利交给孩子，结果孩子点了一大堆自己喜欢吃的饭菜，而完全没有考虑父母的口味。长此以往，孩子必然更加以自我为中心，以致做人做事都缺乏节制，还常常会犯自以为是的错误。还有些时候，父母会觉得出现分歧的问题无关紧要，因而对孩子的任性完全不以为然。殊不知，如果父母没有正确的管教意识，不能在孩子年幼的时候就对孩子进行引导，则等到孩子长大之后，必然变本加厉，更加肆意妄为。因而父母要让孩子学会接受，并服从一些必须服从的事情。

这个周末，在外地工作的爸爸回家了，妈妈和聪聪都很高兴。听到爸爸说起发了一笔奖金，妈妈还建议爸爸请客吃饭。爸爸不假思索地答应请吃饭，还提议："那就去吃韩国烤肉吧，你不是最喜欢吃辣白菜和五花肉么！"妈妈当即同意。这个时候，聪聪突然生气地喊道："我觉得回转寿司好吃啊！"爸爸和颜悦色地对聪聪说："妈妈很辛苦，爸爸要请妈妈吃顿妈妈爱吃的。"聪聪不依不饶："但是，我喜欢吃回转寿司。"爸爸耐心解释："那么，这次是请妈妈吃饭，等到下次再发了奖金请你吃饭，由你决定吃什么，好不好？"聪聪还是噘着嘴巴不高兴。

这时，妈妈对聪聪说："谁埋单，谁决定吃什么；谁被请，谁也可以提议吃什么。但是，埋单的人决定权最大。既然是爸爸请客，就要爸爸决定去哪里吃。如果你请客，你可以决定去吃寿司。"听到妈妈的话，聪聪陷入沉思，说："埋单的人决定吃什么？"妈妈点点头："当然。如果是你请客吃饭，你在选择饭店的时候可以考虑客人的口味和喜好，但是最终去哪里吃饭，还是你说了算。"聪聪这才接受。

其实，自家人一顿饭到底吃什么并不重要，妈妈也可以不去吃烤肉，而选择聪聪喜欢的寿司，但是妈妈知道，必须让聪聪学会接受。地球的转动不以任何人的意志为转移，作为社会的一个成员，孩子免不了要与形形色色的人打交道，也常常会有想不明白道理、无法接受某件事情的情况发生。

很多父母误以为，强迫孩子接受不想做的事情，是在无视孩子的权利，也有可能伤害孩子的自尊心。实际上，这是完全错误的。当父母把孩子当成纸糊的人去对待，孩子就会非常脆弱，不堪一击。当父母认定孩子足够坚强，也拥有一定的承受能力，孩子就会变得越来越坚强。实际上，孩子降临人世的时候就如同一张白纸，染之黄则黄，染之苍则苍。对于父母而言，最重要的是采取正确的方式对待和引导孩子，这样

对于孩子的成长才是有利的。

当然，父母也要意识到，孩子因为年龄限制，身心发展不成熟，自我约束力也很差，所以未必每件事情都要让孩子自己作决定。例如，孩子的一颗牙齿已经坏掉，如果不及时拔掉，就会影响未来恒牙的生长，这种情况下，父母只需要通知孩子要去拔牙即可，而无须过分征求孩子的意见。因为孩子总是怕疼的，肯定不愿意承担拔牙的痛苦，所以父母的商量反而会让孩子觉得有隙可乘，并因此而作出不理性的决策。此外，在给孩子决定权的时候，父母也要把握好合适的度，而不要给予孩子超出他们能力范围的决策权力。否则，孩子就会自我膨胀，最终作出不合时宜的决定。常言道，凡事皆有度，过犹不及，每个孩子在成长的道路上都会遇到形形色色的问题，父母既是孩子的监护人，也是孩子成长的引领者，唯有把握好与孩子相处的力度，才能保证孩子健康快乐地成长。

给孩子营造民主和谐的家庭氛围

给孩子过大的权利，会导致孩子自我膨胀、狂妄自大，在成长过程中不愿意接受父母的引导和帮助；完全剥夺孩子的权利，会导致孩子自卑胆怯，在做很多事情的时候都不断地退缩，根本无法勇敢去尝试，而变成生活的套中人，始终活在委屈的空间里。那么，到底怎样的成长环境对于孩子而言才是最好的呢？那就是民主和谐的家庭氛围，在孩子身心发展到特定阶段之后，就及时给予孩子权利，也给孩子自由的空间。

每一个父母都希望孩子的成长过程一帆风顺，不会遇到任何问题，这是不现实的。常言道，人生不如意十之八九，对于孩子而言，也是如此。父母不要奢望孩子泡在蜜罐里长大，一则是人生的蜜罐根本不存在，二则是若孩子成为温室里的花朵，他们就无法拥有如同野草般顽强的生命力。

孩子的成长过程不但漫长，而且无法预期。即使父母已经为孩子安排好一切，孩子在成长中还是有可能遇到形形色色的、不可预知的问题。因此，父母与其等到问题发生时仓皇应对，不如提前作好准备，防患于未然。就像没有人知道地震何时会发生，但是人们可以从各个方面增强自身应对地震的能力的道理一样，父母也要作好准备应对育儿过程中的突发事件，并教会孩子一定的自我保护技能，增强孩子的自我保护能力。

对于父母而言，最可悲的是什么？面对年幼的孩子，孩子受到侵犯，却不告诉父母，导致父母被蒙在鼓里，直到事情恶化到一定程度才知道；面对稍微大一些的孩子，孩子有了难题，却不向父母求助，而是与同样稚嫩的同龄人在一起想办法应对问题，导致问题恶化，无法挽回……由此可以发现，父母完全不知道孩子的状况，这才是最糟糕的。前段时间，南京相继发生了两起青少年自杀的事件，而父母却浑然不知，不得不说，这是父母的失职。很多父母误以为，只要照顾好孩子的吃喝拉撒，就已经尽到对孩子的责任和义务，却不知道，随着孩子渐渐成长，心理需求和情绪状态上升到更重要的地位，而基本的生理需求总能得到满足，反而退居其次。假如父母更了解孩子的情绪状态和心理状况，并及时对于孩子展开心理危机干预，或者积极地帮助孩子想办法解

决问题，则自杀的悲剧就可以避免。所以说，对于父母而言，最可悲的不是不能为孩子提供丰厚优渥的物质条件，而是从未真正走进孩子的内心，更不知道孩子到底在想什么，又想要做什么。

之所以出现父母与孩子的成长“失联”的情况，一则是因为父母对孩子的心灵疏于关注，二则是因为父母没有得到孩子的充分信任。这两个原因，都与父母对孩子的照顾与管教密切相关。只有与孩子心灵交融的父母，才能更加理解和尊重孩子；只有真正理解和尊重孩子的父母，才能得到孩子的信任，孩子在遇到问题的时候才会第一时间向父母求助。比起向同龄人求助，得到父母有效指引和帮助的孩子，当然会更加安全。要想得到孩子的信任，父母还要注意，当孩子犯错误的时候，切勿一味地指责和训斥孩子，而应该认真倾听孩子，也最大限度理解和体谅孩子，这样才能把话说到孩子心里去，并真正提出符合孩子身心发展规律与特点的、切实有效的解决方案。

很多父母都等到孩子遭遇危险或者走上歧途，才懊悔从未告诉过孩子一句话——不管遇到任何问题，一定要第一时间告诉爸爸妈妈，爸爸妈妈会无条件支持你、全心全意为你好，始终都站在你的身后。遗憾的是，很多父母在教养孩子的过程中也许唠唠叨叨对孩子说了很多，却从未对孩子说过这句话，这导致孩子在成长过程中真正遭遇困境的时候，因为惧怕父母的歇斯底里和无端指责，所以不敢向父母求助，甚至走向绝路。在孩子小时候，父母是孩子的引路人；孩子长大了，父母是孩子的坚强后盾。也许人生的风雨很多，泥泞与坎坷更是接连不断，但是，只要父母在，就会给孩子一份心安理得、无所畏惧，也会让孩子在最无助的时候有地方可以躲避风雨，找回内心的力量。作为父母，你告诉孩子这句最重要的话了吗？如果没有，那就从现在开始对孩子说，即使说一万次也不为多，因为它能够给孩子信心和勇气，以面对这个有时残酷和冷漠的世界。

得到孩子的信任和依赖，随着孩子渐渐成长，对于父母而言难度也越来越大。作为父母，我们应该扪心自问：曾经那个非常信任和依赖我的孩子，到底哪里去了？实际上，父母不是建立信任和依赖，而是保持孩子的信任和依赖，所以尤为重要的是在教养孩子的过程中始终坚持正确的方法，这样才能让教养的效果前后一致。此外父母还要注意，亲子之间的沟通不应该仅限于督促和激励孩子学习方面，而应涵盖孩子生活的方方面面，诸如孩子在与朋友相处过程中遇到的各种问题，孩子在面对社会现象时产生的疑惑。父母未必说得都对，但是可以对孩子的思想起到抛砖引玉和及时纠正的作用，这对于孩子的健康成长是不可或缺的，也是必须持之以恒的。父母越是了解孩子，就越是能够洞察孩子的内心，知道孩子的心理状态发生了怎样细微的、不易觉察的改变，这无疑是对孩子的成长负责任的态度。

第 06 章

沟通的方式有很多，父母可以多尝试几个

尽管很多父母正在对孩子采取居高临下的管教方式，实际上，从理智上而言，他们很清楚要尊重孩子，平等和孩子沟通与交流，从而与孩子成为真正意义上的朋友。当然，要想做到心灵相通，顺畅的沟通是必经的渠道。随着孩子一天天成长，如果父母依然对孩子强制和压迫，则必然导致孩子产生逆反心理，也使得亲子沟通陷入困境。作为亲子沟通的主导者，父母应该多多尝试，从而找到最佳的方式与孩子交流，也让亲子沟通事半功倍。

父母温言细语，孩子敞开心扉

作为父母，面对渐渐成长的孩子，我们常常会感到困惑和苦恼：孩子为何越来越不愿意与我沟通？曾经那个对着我主动倾诉的孩子，到底去哪里了？孩子为何一与我说话就满腹不耐烦，甚至有的时候对我的话听若未闻呢？其实，这不是哪一个父母的困惑，而是很多父母在抚养孩子成长的过程中都会遭遇的难题。的确，孩子作为新生命呱呱坠地之时，必须依赖父母的照顾才能生存下来，在生命最初的时间里，大多数孩子都非常信任父母。这样毫无罅隙的关系，是父母渴望着能够延续下去的。但是，随着孩子不断成长，很多父母都发现这种美好的关系也不复存在，取而代之的是相互不理解，甚至相互抱怨、彼此疏离。

不可否认，在亲子关系中，父母占据主导者地位，因而亲子关系的发展走向，很大程度上取决于父母对待孩子的态度，以及父母所采取的亲子沟通模式。孩子在不断长大，父母却还停留在原地，这必然导致父母无法紧跟孩子成长的脚步。此外，父母对于孩子的要求也会越来越高，对孩子的满意度则随着要求的水涨船高而逐渐降低。在这种情况下，亲子关系也会陷入困境，变得不那么和谐融洽。在抱怨孩子不像以前那么亲近自己的同时，父母更该做的是扪心自问：我对于孩子是否一如往昔地温言细语？作为父母，你还能想起来当孩子在襁褓之中时你是

如何与孩子沟通的吗？再对比今日你对孩子的表现，你是否有需要改正的地方呢？

有人说，心若改变，世界也随之改变。在人际关系中，这个道理变身为，一个人改变，其他人也随之改变。所以，如果父母因为与孩子的沟通出现问题而苦恼，就要第一时间反思自己对待孩子的方式是否改变，也要反思自己是否与时俱进地跟上了孩子成长的脚步。很有可能，是因为父母对待孩子的心态和方式不同，孩子才会对父母“敬而远之”的。对此，父母就要从反思和改变自己做起，有效地调整亲子关系，增进亲子感情。

傍晚时分，特特刚刚回到家里，就遭到妈妈劈头盖脸的一通数落：“你今天上语文课的时候是不是和同学讲话了？你这么大的人了，怎么还不知道遵守课堂纪律呢？老师专门就这件事情打电话给我，你简直太让我丢脸了！我告诉你，这样的情况下不为例，要是再发生，我就告诉爸爸，让爸爸收拾你！”特特默默地看了妈妈一眼，什么话也没说，就走到房间里开始写作业。妈妈不明所以，以为特特认识到错误，又因为已经发泄了怒气，所以没有继续追究特特，而是开始做晚饭。

此后的很长时间里，特特和妈妈说话都很少。妈妈也没有再接到老师的电话，还以为特特被自己数落一通就老实了。妈妈不知道的是，特特上次被老师误解为扰乱课堂秩序，只是因为尺子坏了，所以向同学借尺子用；妈妈也不知道，整个学期，特特都在借用同学的尺子，因为他不想和妈妈说话；妈妈还不知道，特特原本很喜欢语文老师，却因为妈妈的一番话认定语文老师是个爱告状的老师，所以渐渐地不喜欢语文老师，也不那么喜欢上语文课了。

谁能想到，妈妈这一番不由分说的抢白，居然给特特带来这么严重的负面影响。作为当事人的妈妈，更是始终被蒙在鼓里，还不知道自己居然无形中伤害了特特的自尊心，并导致特特对语文老师产生误解。现实生活中，有很多父母都和特特妈妈一样，是个火暴脾气，说起话来就像连珠炮，根本不给孩子机会去辩解，也似乎从未想要从孩子口中了解真相。这样的做法，无异于在关闭孩子的心门，也使得亲子关系陷入僵局。在这种情况下，父母还如何能够了解孩子心中的所思所想呢？

父母的语言暴力，是导致亲子关系恶劣的最重要原因之一。所谓语言暴力，指的是父母在亲子沟通中恐吓孩子，自以为是地训斥和指责孩子，或者把自家孩子拿去与别人家的孩子比较，这些行为都会让孩子的内心受到沉重的打击，甚至自暴自弃地以为自己不管多么努力都无法得到父母的认可。而在孩子心目中，父母是他们最在乎的人，所以父母的认可和激励对于他们而言至关重要。如果父母没有意识到语言暴力对孩子的伤害，就无法有效控制自己的语言，就会无形中伤害了孩子却还不自知，更不知道孩子在看似平静的外表下内心早已波涛汹涌。人的本能总是趋利避害，成人希望得到他人的尊重和善待，孩子也是如此。尤其是孩子的心灵相对脆弱，也更敏感，所以父母在亲子沟通中更要谨言慎行，把握和拿捏好力度，避免伤害孩子稚嫩的心灵。

蹲下来，用孩子的眼睛看世界

在亲子沟通中，父母与孩子之间常常产生误解，这是为什么呢？这

是因为父母的自以为是，也是因为父母总是站在成人的角度看孩子的世界，结果得到了与孩子眼中完全不同的影像。众所周知，越是年幼的孩子，与父母的身高差越大，这使得孩子眼中的世界与父母眼中的世界截然不同。同样的道理，越是年幼的孩子，思维的角度越是与成人不同，这使得孩子在面对问题的时候思考的规律与父母也完全不同。既然如此，要想减少亲子矛盾、推动亲子沟通，父母就要学会蹲下来与孩子讲话，这样才能看到孩子眼中的世界，并感受到孩子的情绪状态。

现代社会，几乎每一个父母都深爱着自己的孩子，也因为经济的发展、生活水平的提高，父母可以为孩子提供丰厚的物质条件。但是，真正做到理解和尊重，尤其是平等对待孩子的父母，则少之又少。有相当一部分父母觉得自己已经给孩子提供了丰富的物质条件，所以是合格且优秀的父母。也有少部分父母觉得孩子还小，心灵幼稚，完全无须过度关注孩子的心理状态和情绪情感。不得不说，类似这样的观点都是错误的。孩子再小，也是独立的生命个体，也有自己的思想意识和情感状态。父母要尊重孩子，平等与孩子交流，这样才能走入孩子的内心，了解孩子的心理状态，才能避免总是对孩子居高临下、发号施令。

还有些父母，总是从主观角度出发，对孩子提出成人才能达到的过高要求，而丝毫没有想到，孩子所处的年龄阶段特点决定了孩子的能力不足，还需要循序渐进地进步。当因为孩子无法达到自己的要求而感到失望时，父母总是责怪孩子不理解父母的辛苦、不知道主动去努力。那么，作为父母，你可还记得自己小时候的表现是否积极主动呢？归根结底，孩子的自我约束能力有限，他们常常需要父母的督促，这是他们的身心发展特点决定的，而与孩子是否懂事没有关系。面对孩子不尽如人意的表现，父母要避免“痛心疾首”，更不要以过激的反应让孩子误以为自己做出了什么大逆不道的事情。只有平等对待孩子，在沟通过程中打开孩子的心扉，才能让父母单方面的说教变成与孩子之间双向的互动与沟通。很多父母总是抱怨孩子不理解父母的用心良苦，却从未想过自己作为父母也从未理解过孩子的内心世界和情感需求。父母要知道，每个人都会本能地站在自己的立场上做出符合自己利益需求的事情，孩子也是如此。因此，父母只有蹲下来，怀着纯真的赤子之心与孩子沟通，才能体会到孩子内心的感受和诉求，才能让亲子关系良性发展。

已经到了年末，各个单位都在开年会，苏珊的单位也发了通知，要在一个周日开年会和自助酒会，到时候还有各种精彩的节目呢！眼看着年会的日子到了，丈夫却在单位安排下要出差一段时间，为此，苏珊不得不带着女儿米琪一起参加年会。到了年会现场，苏珊不由得感到惊艳：负责筹备年会的同事把会场布置得非常好，浪漫，轻松，带有异域风情。考虑到有个别同事会带着孩子来参加年会，组织的同事还细心地布置了一颗挂满礼物的圣诞树，给孩子们玩耍。

会议才进行了一个小时，米琪就两次向苏珊提议：“妈妈，我们回家吧！”苏珊很无奈：“米琪，酒会多么漂亮啊，不但有圣诞树、礼物，还有很多精美的糕点。”然而，每次苏珊安抚米琪，都只能生效一会儿。片刻之后，米琪第三次来找苏珊：“妈妈，我们回家吧！”这次，苏珊无法再成功安抚米琪的情绪，因此米琪又哭又闹。无奈之下，苏珊只好蹲下来，准备抱起米琪。这个时候，苏珊看到了惊人的一幕：在她眼里灯红酒绿、轻歌曼舞的会场，从米琪的身高角度去看，居然是无数条或粗或细、穿着各异的腿，还有很多不同样式的脚；因为米琪的身高不够，面对诱人的圣诞树，她也只能仰起头对着礼物垂涎，根本够不到高处的礼物；更别说那些精美的糕点，全都放在米琪无法够到的地方。苏珊瞬间明白米琪为何不愿意继续参加酒会，而是哭闹着要离开了。

仅仅是身高的差异，就可以让孩子看到的世界和成人眼中的世界截然不同，更何况还有思想的差异呢？作为父母，我们只有蹲下来，才能看到孩子眼中的世界，只有戒掉高高在上的思维习惯，才能感受孩子的情绪。

很多父母总是以代沟作为与孩子沟通不顺畅的理由和借口。实际上，代沟的确存在，但是父母与孩子之间的距离不应该像隔着银河系那样遥远。孩子是父母生养的，也需要依靠父母的照顾生存下来，在孩子小时候，父母是最了解孩子的人，对孩子知冷知热，也能无微不至地把孩子照顾得很好。但是，随着孩子渐渐长大，父母渐渐忘却初心，对孩子反而要求越来越高、欲望越来越多，这也是导致亲子关系陷入困境的原因之一。作为父母，我们要跟上孩子成长的脚步，与时俱进地照顾孩子，也要主动靠近和了解孩子，从而真正成为孩子的知心好友，成为孩子的“自己人”。

用短信与孩子沟通

随着社会不断地发展与进步，人与人之间的沟通方式有了翻天覆地的变化。在几十年前通信技术还不发达的时候，人与人之间只能当面沟通，因此有些偏僻的山村里还会靠喊来传递信息。如果要想在非面对面的情况下沟通，就要采取写信或者发电报的方式，写信很慢，电报很贵，为此很多人发电报的时候都会最大限度精简字数。后来，出现了有线电话，让千里之外的人也可以相互通话，信息的传递更加方便快捷。再后来，有了无线电话，也就是手机。手机自从问世之后，功能也有了很大进步。最初，手机只能作通话和发短信使用，随着渐渐发展，如今已经可以上网，方便人们使用QQ、微信等聊天工具。

父母在与孩子沟通的过程中，如果面对面的语言沟通出现障碍或者陷入困境，那么，最好的方式不是停止沟通，而是要在彼此情绪平静之后，尝试着通过其他方式沟通。如今，稍微大一些的孩子都有手机，当然，为了避免孩子上网，父母会关闭上网功能，同时也限制聊天工具的使用。那么，父母如何用手机与孩子沟通呢？如果不想打电话，可以使用短信。尤其是在沟通陷入困境时，如果父母能主动给孩子发短信，则孩子更容易接受，也会觉得自己与父母之间的关系是平等的，因而对亲子关系产生良好的体验。

有些父母脾气暴躁，在遇到孩子的言行举止不符合预期时，很容易爆发情绪，对孩子态度恶劣。通过短信沟通还有一个好处，那就是可以让情绪躲在文字背后，也因为没有进行面对面的冲突，所以父母和孩子双方都可以控制好自身情绪，保证沟通顺畅进行。众所周知，很多人说话完全不过大脑，是很冲动的，也常常因为不假思索说出来的话感到懊悔。而使用文字以信息的方式沟通，则文字从笔端流出比语言从嘴巴里说出来要经历更长的思考时间，在组织语言的过程中，父母也可以用心斟酌所说的话是否合宜。这样一来，亲子沟通会更顺畅，亲子关系也会

更融洽，亲子感情也可以得到加深，可谓一举数得。

在与孩子沟通过程中发生分歧的时候，很多父母明知道自己错了，因为所谓的父母之威严，他们也不愿意承认自己的错误。然而，人非圣贤，孰能无过，如果父母明明知道自己错了却不愿意承认错误，看起来维护了自己在孩子面前的威严，实际上则是破坏了自己在孩子心目中的形象。长此以往，孩子还如何会信任父母呢？所以真正的勇敢不是不敢承认错误，而是敢于承认错误。当父母以短信的方式向孩子承认错误，勇敢道歉，既避免了当面承认错误的尴尬，也向孩子彰显出父母的博大胸怀，反而能够在孩子心目中留下高大的形象，并以威信赢得孩子的尊重和信赖。

有一天，思雨放学之后回家很晚，为此，才刚到家里，就被心急如焚的妈妈劈头盖脸一通数落："你都多大了，放学还贪玩，你不知道外面坏人很多，我和爸爸都很担心你吗？你这个孩子就是不让人省心，什么时候才能真正长大啊！"思雨被一番抢白，委屈地掉下眼泪："班级里今天值日的一个同学生病了，所以我主动留下来打扫卫生的。"听到思雨的解释，妈妈这才意识到误会了思雨，因而感到很对不起思雨。但是她要维护自己在思雨面前的威严，因而还是补充一句："不管怎么着，你也不能在不通知我和爸爸的情况下晚回家，不然你要手机干吗，还不如丢掉呢！"思雨委屈得眼泪簌簌而下。

接下来的几天，思雨始终很沉默，放学按时回家，按时吃饭，按时写作业，表现得无可挑剔，但是与妈妈之间似乎隔着什么。妈妈也感到很内疚，但是她不好意思向思雨道歉，思来想去好几天，几经斟酌才给思雨发了一条短信："思雨，妈妈前几天误会你，让你受委屈了，对不起。”当天下午回到家里，思雨情绪很好，还和妈妈说了很多心里话呢！看到思雨心中的疙瘩解开了，妈妈才对思雨说：“思雨，不过有一点妈妈是坚持的，那就是你如果不能放学之后按时回家，一定要告诉爸爸妈妈，否则爸爸妈妈会很担心，因为现在社会上坏人太多了。”思雨点点头，回应妈妈：“妈妈，我知道了。其实我那天就意识到自己做错了，但是我有些生气，所以才故意不向你承认错误的。你放心，以后我一定及时告诉你和爸爸我的动向。”妈妈欣慰地抚摸着思雨的头。

很多父母受到传统教育观念的影响，总觉得父母在孩子面前一定要有威信。殊不知，有威信并不意味着不犯错误，人非圣贤，孰能无过，父母当然也会犯错误。在意识到自己的错误之后，父母应该及时向孩子承认错误，尤其是当父母的错误给孩子带来伤害时，父母更不能为了所谓的面子和尊严而让孩子委屈到底。如果不好意思当面向孩子承认错误，也可以以发短信的方式给孩子道歉，这样一来，既照顾到孩子的情绪，也表明了父母博大的胸怀，还可以有效缓解亲子关系，何乐而不为呢？

躲在手机屏幕后面与孩子沟通时，父母可以掩饰自己的尴尬和难堪；也因为文字的修饰，所以可以有效控制自身的情绪，避免在情绪亮起红灯的盛怒情况下对孩子歇斯底里地发泄。正如人们常说的，说出去的话如同泼出去的水一样是无法收回的，而书面文字比口头上的语言经过了更加深入的加工，所以是可以做到更加理性的。

当然，除了短信之外，还可以以亲子日记或者小纸条的方式与孩子沟通。亲子日记与小纸条，同样是以书面文字的方式与孩子进行沟通，也避免了当面沟通带来的尴尬，同时可以显得更加温情与细腻。所谓亲子日记，就是父母与孩子共用一本日记，父母与孩子都可以把自己想对对方说而又无法说出口的话写在日记上，等待对方去阅读。小纸条也可以收到同样的效果，且更加生动灵活。总而言之，亲子沟通的方式有很多，不要局限于某一种固定的方式，只要是能够收到良好效果的沟通方式，就是好的沟通方式，也可以说，效果是检验一种沟通方式是否适合亲子沟通的重要标准。

深情地拥抱孩子，或者拍拍孩子的肩膀

曾经有心理学家证实，人与人之间的沟通，口头语言的沟通只起到一部分作用，而面部表情、肢体动作等，也会对人际沟通起到积极的作用。在亲子沟通中，当语言沟通不给力的时候，父母也可以借助肢体动作，从而弥补语言动作表情达意的不足。有的时候，即使只是拥抱一下，或者拍拍孩子的肩膀，也能让孩子感受到来自父母的力量。

在中国的传统育儿观念的影响下，在孩子小时候，父母对于孩子爱不够，整日抱着孩子，与孩子亲昵，但是，随着孩子不断成长，父母对于孩子越来越疏远，他们不再习惯与孩子亲密无间，而是经常板起面孔对待孩子，或者一旦发现孩子犯了小小的错误，就揪住孩子的错误不愿意放手。不得不说，父母与孩子之间的这种相处模式并不合理。在孩子小时候，父母固然要疼爱孩子，但也要学会对孩子放手，培养孩子的独立自理能力。当孩子渐渐长大，父母虽然要更加严格地管教孩子，但不能总是疏远孩子。严格管教，也可以恩威并济、宽严有度，对孩子一时

的严格，并不意味着始终疏离孩子，在对孩子进行管教之后，父母应适时亲近孩子，这样一来，就可以做到与孩子亲密无间，也在孩子面前树立威信。毫无疑问，这样的关系是更加理想的，也会给予孩子更多更好的成长机会。

自从乐乐上了四年级，妈妈似乎就没有再和乐乐亲近过，更没有亲昵过。全家人每天按部就班地工作、学习和休息，遇到节假日偶尔也会一起出去玩，但就是再也没有乐乐小时候的“腻歪”。有的时候，乐乐童心大发，也会趴在妈妈的怀抱里，妈妈总是说：“哎呀，这么大个人了，还让妈妈抱着，害羞不？”渐渐地，乐乐也习惯了把自己当成一个大儿子，很少再向妈妈撒娇。

暑假的时候，远在美国的阿姨带着表弟回国探亲，来家里居住。表弟只比乐乐小半岁，长得比乐乐还要高出半头，已经比身材娇小的阿姨更加高大。但是，乐乐羡慕地发现阿姨和表弟之间非常亲昵，阿姨常常亲吻表弟的额头，更是把表弟揽在怀抱里亲近。有一次，表弟犯了错误，阿姨非但没有批评表弟，反而在表弟接受建议改正错误之后，狠狠地亲了表弟两口。也许是受到阿姨的影响吧，也许是不想让乐乐看起来不是亲生的，妈妈在这段时间里也对乐乐亲近很多。有一次，乐乐参加野外拓展训练的时候不小心扭伤脚，疼得呜呜直哭，妈妈没有再像以前那样训斥乐乐太娇气，而是把乐乐搂在怀里鼓励乐乐，还时不时地拍拍乐乐的肩膀：“不要哭，乐乐要坚强。”在妈妈的安抚下，乐乐果然觉得自己的脚没有那么疼了。

孩子再大，在父母面前也是孩子。有的时候，语言沟通的效果对于感性的孩子并不好，因此，父母不如偶尔宠溺孩子，与孩子进行亲密的肢体接触，这样反而能够有效安抚孩子，也可以让孩子在成长的过程中感受到来自父母的力量。长此以往，不但有利于建立和维护良好的亲子关系，还有助于增进亲子感情、增强亲子互动。

作为父母，你还在为与孩子相处而烦恼吗？当语言沟通无法起到积极的作用时，为何不马上拥抱孩子，让孩子在父母的怀抱中感受温暖呢？在人际沟通中，语言的作用的确至关重要，但是在某些特殊的情况下，语言也是非常乏力的，这时就需要肢体上的行为来发挥效果。父母要了解孩子的感情需求和心理状况，这样才能根据孩子的需要对孩子付出，也让亲子沟通起到积极的作用。

赏识教育，让孩子变成你期望中的样子

针对教育孩子，很多父母都意识到要恩威并施、宽严并济，也主张要糖块和棍棒一起上阵。的确，一味地严格要求孩子或者严厉对待孩子，并不能达到最佳的效果，这是因为孩子的自尊心敏感而又脆弱，他们最希望得到的是父母的认可与赏识。唯有认识到这一点，父母才会更加赏识孩子，并按照自己所期望的那样去赞赏孩子。所以，父母在帮助孩子养成良好习惯或者试图改变孩子的过程中，最需要的是给孩子糖块，而不是对孩子施以棍棒。

坚持表扬孩子，将会收到出人意料的惊喜效果。对于孩子，唯有督促和表扬，才能让他们有更好的表现。其实不仅孩子渴望得到表扬与认可，父母也同样希望得到表扬与认可。人的本能都是趋利避害的，人人

都希望与欣赏自己的人沟通和相处，而不希望与否定和批评自己的人接触。了解孩子这样的心理，父母就不会肆无忌惮地否定和批评孩子，而是会努力发掘孩子身上的优点，从而给予孩子积极的教育和引导。

妈妈正在对三岁的艾米进行进入幼儿园前的独立训练，当务之急就是要教会艾米独立如厕。此前，负责养育艾米的奶奶总是定时定点提醒艾米去厕所，也常常抱起艾米把尿，所以艾米还不会自己脱裤子呢！

妈妈告诉艾米："艾米，有尿的时候就告诉妈妈，好不好？"第一次，艾米有尿告诉妈妈的时候已经很着急了，妈妈还没来得及给艾米脱掉裤子，艾米就已经尿了。艾米紧张地看着妈妈，妈妈和颜悦色地对艾米说："艾米，真棒，有尿知道告诉妈妈了。"对于艾米告诉妈妈不及时的表现，妈妈只字未提。接下来又有几次，艾米告诉妈妈要撒尿的时候都有些晚了，但是细心的妈妈发现，艾米还是有所提前。直到艾米主动告诉妈妈要撒尿已经成为习惯的时候，妈妈才提醒艾米："艾米，可以提前一些告诉妈妈吗？"等到艾米可以做到提前告诉妈妈的时候，妈妈又开始教艾米独自脱掉裤子，就这样一步一步地循序渐进，艾米最终可以做到独立如厕。进入幼儿园之后，很多孩子因为不会独立撒尿而经常尿湿裤子，艾米表现很好，也得到了老师的认可与赞赏。

在这个事例中，妈妈并没有表现得急不可耐，而是耐心地对待艾米，一步步地引导艾米做得更好。在整个过程中，妈妈也并不贪婪，每次只要求艾米进步一点点，给予艾米足够的时间去接受事实。即使在艾米做得不尽如人意时，妈妈也没有批评艾米，而是只表扬艾米做得好的地方，这样一则可以有效舒缓艾米紧张的心情，二则可以通过反复认可与赞赏强化艾米正确的行为。正因为如此，艾米才能持续进步，最终做

得更好。

每个孩子的成长过程都是缓慢的，作为父母，要想激励孩子不断进取，我们就要学会以正确的方式与孩子沟通。面对孩子的成长，很多父母总是提出各种要求，导致孩子压力山大、心情紧张，也因为达不到很多要求而内心惶惑。实际上，一味地强求孩子，并不能对孩子的成长起到积极的作用，作为父母，我们要有一双善于发现孩子优点和闪光点的眼睛，如此才能激励孩子更加主动进步，勇敢无畏地争取上进。记住，批评未必能对孩子起到最佳的作用，对于成长中的孩子而言，更重要的是认可和赏识。正如人们常说的，好孩子都是夸出来的，我们何不当一个把孩子夸得优秀的父母呢？

教育孩子不唠叨，才能避免超限效应

很多父母都感到困惑：为何我们喋喋不休教育孩子、对于重要的问题再三叮嘱孩子，孩子却总是充耳不闻，甚至很多糟糕的行为会变本加厉呢？实际上，对于孩子而言，若父母总是唠唠叨叨，他们的内心就会产生超限效应，甚至会对父母的叮咛产生抵触心理。曾经有人说过，唠叨是一个魔咒，会让听到的人抓狂且崩溃。实际上，一句话如果很普通，那么即使重复无数次也无法变成真理；而一句真理即使是放之四海而皆准的，如果重复无数次，也会变成惹人生厌的废话。在亲子教育中，这句话得到了体现——孩子对于父母言简意赅的话会记在心里；而对于父母唠叨不休的话，却常常心生抵触，甚至故意与父母对着干，目的只在于让父母感到无奈和厌倦。

细心的父母会发现，在日常生活中，父母的叮咛越是琐碎细致，孩子反而越是无法做到。例如，妈妈反复叮嘱孩子在玩过玩具之后要整理好、收拾干净，但是孩子偏偏在玩过玩具之后就这样把玩具丢掉，跑到一边去。吃饭的时候，父母叮咛孩子要多吃蔬菜，孩子偏偏把蔬菜剔除，不愿意吃到嘴巴里。父母们不了解，为何孩子总是把父母的话当成耳边风，甚至对于父母反复的叮嘱背道而驰呢？实际上，从心理学的角度分析，孩子出现这样的状况很正常，因为人的本能就是趋利避害，不管是成人还是儿童，没有人愿意接受他人的批评和否定，人们都想要得到他人的认可和赞许。

此外，在心理学中有一个超限效应，意思是说人体对于外部刺激的接受能力是有限度的，一旦超过限度，人们就会情不自禁地出现逃避倾向。实际上，这是人们从本能的角度出发，在潜意识的驱使下做出的自我保护行为。正因为如此，当父母的唠叨和叮咛超出孩子的心理承受能力，孩子就会对父母产生厌烦心理，进而做出与父母的期望背道而驰的行为。为了与孩子更好地沟通，父母在了解超限心理的基础上，要有意识地组织语言，讲究教育的方法和策略，从而控制好表达的内容，对孩子产生更好的教育和引导效果。

在家庭教育中，超限效应常常发生，因为父母总是忍不住谆谆叮嘱，或者对孩子唠叨不休。一旦父母给予孩子的刺激超过孩子的心理承受能力，孩子就会自动开启过滤系统，过滤掉那些引起自己反感的话，在对父母感到厌烦的时候，他们甚至会故意做出与父母的期望完全相反的言行举止。父母要理解孩子的心理状态，也要明白孩子为何做出这样的自我保护行为。当发现孩子总是有意无意地与父母对着干，父母要从自身开始反省，从而把控好自己，避免对孩子无休止地说教。

遗憾的是，很多父母对于孩子过度关注，教育孩子也秉承见缝插针的原则，总是一旦与孩子相处就对孩子喋喋不休。实际上，父母不要过度关注孩子，因为孩子还小，各个方面的能力发展不足，所以很容易犯错误。对于那些无关紧要的错误，随着不断成长，孩子是可以做到主动反思、积极改正的。如果父母总是盯着孩子，把孩子的每一个错误都看在眼里，他们便会忍不住对孩子指手画脚，却不知道这样只会导致孩子感到压抑和窒息，也常常会因此而陷入糟糕的成长状态之中。

父母还要注意，除了唠叨和说教之外，还有很多其他方式可以帮助孩子自主反思错误、主动改正错误。比起被动地接受父母的唠叨，显然主动反思的效果更好。而且，主动反思的孩子往往对错误的认知更加深刻，作出的改变也是心甘情愿的。在这样的基础上，孩子才能形成自律力，才能卓有成效地提升和完善自我，变得更优秀。

第 07 章

对孩子提出要求时，先要了解孩子的想法

很多父母在教育孩子的过程中，一旦发现孩子不完美，就会忍不住对孩子提出要求，希望孩子可以通过努力变得更加优秀，也达到父母的预期。但父母必须意识到，孩子不是父母的附属品，也不是父母的私有物，而是独立的生命个体。为此，当父母对孩子提出要求时，首先要了解孩子内心的想法，从而在尊重和平等对待孩子的基础上，对孩子提出合理的要求。

父母言行一致，孩子不迷惘

炎热的夏季到来，当你被一只蚊子困扰的时候，你会怎么做呢？如果你只是轻轻地挥一挥手，赶走蚊子，那么很快蚊子就会再次飞回来，继续在你的耳边嗡嗡作响。你只有当机立断地站起来，找机会拍死蚊子，才能彻底解决问题。这个事实充分告诉我们，要想真正解决问题，就一定要当机立断展开行动，而不是让很多事情都耽于空想。否则，人生就只能停留在空想阶段，无法迈出具有关键意义的一步。

行动永远比空想、空谈更有力量，在家庭教育中，父母也要始终牢记这个道理。很多父母都感到困惑，因为，他们在无数次以语言教育孩子之后，总是发现教育效果寥寥，甚至事与愿违。这是为什么呢？这是因为教育始终停留在口头上，而没有落实到行动上。作为父母，我们除了要以语言教育和督促孩子之外，更重要的是给孩子树立积极的榜样作用，让孩子能够以父母为榜样，明确自己必须怎么做。

正值暑假，才放假几天，特特的生活规律就被打乱了。原本，特特每天九点洗漱，九点半睡觉，早晨六点半起床，洗漱吃饭去学校，生活很有规律。为了照顾特特，爸爸妈妈的生活起居也以特特的作息时间为准。到了暑假，特特不用去上学，爸爸妈妈简直比自己放假还要高兴，他们马上放松对自己的要求，晚上居然看电视到深夜。一开始，特特还能独守阵地，坚持早睡早起，没过几天，看到爸爸妈妈晚上不睡、早上晚起，特特也怦然心动，再也不愿意孤独地当苦行僧。就这样，特特和爸爸妈妈一样晚睡晚起，就连早饭都省得吃了。

对于特特的改变，爸爸妈妈当然知道这样的作息不利于特特生长发育，为此他们当即与特特展开交流，要求特特必须继续保持良好的作息。对于爸爸妈妈的要求，特特不以为然，被说得急了，特特还会反驳爸爸妈妈：“你们只顾着说我，为何不说自己呢？”这句话让爸爸妈妈突然意识到原来问题出在他们身上，为了给特特树立积极的榜样作用，他们不得不痛下决心，改回原来的作息模式，因为早晨不急于上学，爸爸还决定带着特特去跑步呢！就这样，整个暑假，特特每天早晨和爸爸一起跑步，不但作息规律，还锻炼了身体，可谓收获良多。

在这个事例中，为何特特不愿意听从爸爸妈妈的话呢？就因为爸爸妈妈犯了一个错误——只许州官放火，不许百姓点灯——为此特特很不乐意独自遵守作息规律。父母对于孩子的影响作用是非常巨大的，当父母严于律己，孩子也会严于律己；当父母放松自己，孩子当然不愿意继续当苦行僧。所以，对于父母而言，要想改变孩子，就要成为孩子的榜样和楷模，就要约束自我。

当了父母的人真的不自由，无法再像独身时代那么随性。作为父母，除了要言行一致之外，我们还要留意在生活中的小事情上严格要求自己，也要兑现对孩子的承诺，否则就会给孩子留下糟糕的印象，并在孩子面前失去威信。举例而言，父母规定了孩子要在多久之内完成学校的作业，当孩子全力以赴、认真迅速地完成作业后，父母误以为孩子的作业量小，就又给孩子布置了一些课外作业。这样几次之后，孩子就会故意拖延和磨蹭，延长写作业的时间，以致无法按时按成作业。实际上，这样的情况完全是父母导致的。父母要兑现诺言，当孩子在规定时间内完成作业之后，不要给孩子布置多余的作业，这样孩子才能坚持又快又好地完成作业，而不会故意拖延和磨蹭。看起来这只是小事情，在亲子教育中对于孩子的影响却很大。再如，父母承诺让孩子玩一个小时的电脑游戏，但是孩子才玩了半个小时父母就改变主意，要求孩子必须马上停止玩游戏，转为写作业。这样的做法会给孩子带来怎样的感受呢？只会导致孩子不相信父母的话，也不愿意听从父母的安排。由此可见，这里要求的父母言行一致，不仅针对父母自身的言行，也包括父母是否能够兑现对孩子的承诺。作为父母，我们唯有面面俱到地做好每一个方面的细节，才能处理好亲子关系、解决好亲子难题。和在孩子面前失去威信的父母相比，当然是在孩子面前有威信的父母更能够教育好孩子，更能做到在亲子沟通中一字千金、掷地有声。

让孩子对自己的人生作选择

在心理学上，霍布森选择效应告诉我们，若一个人的选择空间受到局限，那么他的思维能力、想象能力和创新能力也会受到局限。换而言之，一个人只有随心所欲地作出选择，才能在学习、生活和工作中做出更有创新性的行为和举动。这是什么意思呢？这要从霍布森选择效应的提出说起。霍布森是个英国商人，在霍布森选择效应被提出之前，他肯定从未想过，作为商人，自己的名字居然被人们拿来命名一种心理学效

应。霍布森是一个非常精明的商人，他经营马匹生意，因而想出了一个很高明的营销策略，即允许顾客在马厩门口随意挑选马匹。为此，顾客们都感到很高兴，因为他们在经过精挑细选之后，都以为自己挑选到了最完美的马。但是这些精明的顾客忽略了一个事实，那就是霍布森特意把马厩的门做得很矮小，这样一来，只有矮小瘦弱的马才能从马厩的门走出来。最终的结果就是，顾客们精挑细选的、让自己满意的马匹，都是从老弱病残的马中选出来的。自然，最大的受益者是霍布森，他卖掉了老弱病残的马，留下了强壮的马，还可以卖出更好的价格。那么，霍布森原理的前提条件是什么呢？就是先限制人们选择的空间，结果自然也就是可控的。

看到这里，很多父母一定感到奇怪：霍布森选择效应和家庭教育有什么关系呢？的确，仅从表面看起来，霍布森选择效应和家庭教育之间并没有明显的关系，而实际上，在家庭教育中，很多父母也在无形中限定了孩子选择的范围。大多数父母都以为孩子好的名义，代替孩子作出选择，还有一部分父母，尽管他们给了孩子选择的空间，但这个空间是有限的。当孩子长期在有限的空间内作出选择，他们自然会缺乏创新性，想象力也会受到很大禁锢和拘束。这就像是提问的方式给孩子带来的影响。有些父母直接陈述给孩子结果，让孩子按照父母的想法去做；有些父母对孩子提出疑问句，孩子只能回答是或者否；有的父母给孩子提供选择性提问，孩子只能从两三个选项中作出选择。毋庸置疑，这些都是封闭式提问。而孩子的成长需要的是什么呢？真正明智的父母会对孩子进行开放式提问，从而让孩子有更大的空间天马行空地想象，自由地发展。在此过程中，孩子的思维能力得到发展，孩子的成长空间也更加辽阔高远。

也许有些父母会说，孩子还小，思维能力发展不够，人生经验也很匮乏，所以无法对自己的人生负责。的确，对于年幼的孩子而言，他们还无法肩负起自己的整个人生。然而，如果父母因此对孩子全方位保护，甚至替代孩子去生存，那么孩子还会有任何发展吗？若父母长期把孩子当成套中人去抚养，孩子最终只会成为温室里的花朵，经不起任何风吹雨打，还会在成长过程中陷入止步不前的状态，变得更加被动和无奈。孩子还小，但是孩子也需要成长。在选择之初，孩子无法做到面面俱到，但是，如果父母给予孩子更大的空间，孩子就会渐渐地成长，每一次选择和决定都比前一次更加理性，考虑也更加周全。正是在这样循序渐进的过程中，孩子才能不断进步，做到更好，最终拥有独立生存的能力，并拥有勇敢无畏作决定的勇气和魄力。

明智的父母不会刻意禁锢孩子，相反，他们会最大限度给予孩子选择的空间，让孩子有权利自主选择。试想，如果所有父母在教养孩子的过程中都无限度地禁锢孩子，以所谓的稳妥起见和人生经验强求孩子必须按照父母的所思所想去做，也把选择的权利交给父母，那么孩子还有发展的可能性吗？还能拥有属于自己的人生吗？当父母把孩子变成自己的复制品，把孩子的人生变成自己人生的重现，这对于孩子无疑是不公平的，也白白荒废了孩子一生的时间。生命一代一代地延续下去，绝不需要雷同，而是需要不断地推陈出新。哪怕孩子按照自己的心愿去生活，过得没有父母好，至少他们无怨无悔，也经历了属于自己的人生，这就够了。

马上就要高考了，在填报志愿的关键时刻，爸爸妈妈一致决定让慧慧报考理科。然而，慧慧一直以来都很喜欢文学，也对中文情有独钟，所以她对于爸爸妈妈的建议很抵触。但是，爸爸妈妈态度非常坚决，爸爸更是以毋庸置疑的语气告诉慧慧：“学好数理化，走遍天下都不怕。”慧慧很无奈：“爸爸，这都是多少年前老掉牙的说法了，现在提倡要尊重孩子的个性，以孩子的特长为出发点培养孩子。我擅长文学，也喜欢中文，你为何不能尊重我呢？”爸爸妈妈还是不容慧慧分辩，坚决要求慧慧报考理科。

慧慧从小就是个乖乖女，习惯了听从父母的建议和安排，尽管满心不情愿，她还是按照父母的建议报考了理科。大学毕业后，慧慧虽然在父母的安排下进入一家研究所工作，过上了旱涝保收的生活，但是她心里一点儿都不高兴。工作之余，慧慧尝试着写作，渐渐地小有名气。后来，慧慧索性放弃工作，选择辞职，成为一名自由撰稿人。当然，这次决定又遭到了父母的强烈反对，但是慧慧说：“爸爸妈妈，我不能一错再错。大学四年我学的是不喜欢的专业，毕业后我从事的是不喜欢的工作，我觉得人生毫无乐趣。这一次，我必须坚定不移地做自己。”因为全身心投入创作，慧慧的作品越来越多，在文学创作的道路上也越走越远。

孩子尽管因着父母来到这个世界上，但不是父母的附属品，更不是父母的私有物。作为父母，我们一定要尊重孩子，可以在了解孩子的基础上给予孩子适度的引导，却不要全权代劳孩子作出决定。尤其是对大一些的孩子，父母一定要尊重孩子的选择，而不能要求孩子必须听从父母的建议。记住，父母即使再爱孩子，也不可能代替孩子去过一生。归根结底，孩子的人生之路要让孩子去选择，这既是孩子的自由，也是父母尊重孩子的表现。对于自主选择的人生道路，不管走得好还是不好，孩子都可以自己负责，而不会因为过得不如意而抱怨父母。至于父母，也根本无法肩负起对孩子的整个人生负责的重任。

如今，有很多张扬个性的流行语，如我的人生我做主，我型我秀等，父母应该接受这样的观念，从而给予孩子更大的空间去自主决定人生、主宰人生。当然，凡事皆有度，过犹不及，让孩子自立选择，并非意味着父母要对孩子采取放任自流的态度，孩子小时候需要父母的照顾，孩子长大了需要父母的引导，只要适可而止，父母的管教就会对孩子的成长起到积极的推动作用。

向孩子提出要求，可以委婉曲折进行

很多父母自以为孩子是亲生的，因而对孩子说话丝毫不讲究方式方法，常常生硬地要求孩子，也不允许孩子对于父母的要求有什么异议。对于这样的家庭氛围，随着渐渐长大，孩子当然是抵触的，也不愿意继续无条件服从父母。为此，父母还会抱怨孩子越大越不听话。实际上不是孩子不听话，而是父母始终在原地踏步，没有跟上孩子成长的脚步。孩子的成长速度是非常快的，新生儿从呱呱坠地开始，就迅速成长，速度常常让父母应接不暇。作为父母，我们除了要照顾好孩子的吃喝拉撒，满足孩子的基本生理和心理需求之外，还要与时俱进，始终保持学习和进步的姿态，这样才能追赶上孩子，并与孩子一起进步。

如果父母对于孩子提出的要求难度较大，那么，不要一味地强迫孩子必须达到父母的要求，而应采取商量的姿态，委婉曲折地向孩子提出

要求，并想方设法说服孩子接受父母的要求，从而令其积极努力，主动达到父母的要求。这听起来很难做到，也的确很难，但是只要父母多多用心，并非不可能让孩子听进去并真正实现。

常言道，牛不喝水不能强按头，父母管教孩子也是同样的道理，只靠着强求是无法实现目标的，反而有可能招致孩子的反抗和反感。在这种情况下，父母可以借助一定的沟通技巧，旁敲侧击地说服孩子，也最大限度激发起孩子的主观能动性，从而让孩子与父母更加友好地相处。其实，不管是在亲子关系中，还是在普通的人际关系中，都同样需要讲究技巧和方法，这样才能让沟通的效果事半功倍。父母一定要改变观念，不要觉得自己生养了孩子，就对孩子拥有支配的权利和主宰的权利。要记住，孩子是独立的生命个体，有自己的思想和意识，随着渐渐成长，主观意识也越来越强烈。越是对于大一些的孩子，父母越是要避免强制的态度，而应在尊重孩子的基础上，真正做到平等对待孩子，营造民主和谐的家庭氛围，这样才能让孩子心甘情愿采纳父母的建议，达到父母的要求。在心理学上，说服的技巧中有以退为进的策略，在亲子教育中，父母也可以以这样的策略对待孩子，把父母的建议和要求转化为孩子自己的意愿，如此，孩子当然会更乐于接受，也会主动采纳和执行。

难得周六，乐乐睡到日上三竿才起床，吃完午饭就坐在客厅里看电视，根本没有想去写作业的意思。妈妈因为头一天晚上没睡好，所以很想踏踏实实睡个午觉。但是乐乐看电视的声音太大了，妈妈根本无法入睡。虽然妈妈几次三番走出卧室，要求乐乐关掉电视去写作业，但是乐乐无动于衷，还振振有词地对妈妈说：“你们平时晚上都能看电视，我只有周六日才能看电视。”妈妈无语，继续回到卧室里艰难地午睡。

看到妈妈辗转反侧难以入睡，爸爸走到客厅笑着对乐乐说：“乐乐，晚上想去看最新上映的《速度与激情》吗？”乐乐赶紧表示愿意，爸爸轻描淡写地说：“好，那等你写完作业我们就去。”乐乐第一时间关掉电视，乖乖地去写作业了。

在这个事例中，乐乐是故意看电视，打扰妈妈午休吗？当然不是。实际上，乐乐只是不想在妈妈的安排和命令下第一时间关掉电视去写作业而已。爸爸采取的方式和妈妈恰恰相反，爸爸没有要求乐乐必须关掉电视，而是给乐乐自主选择的机会，先是选择是否去看电影，然后以完成作业的具体进度选择到底什么时候去看电影。乐乐心急如焚地想去看电影，当然只能主动关掉电视，第一时间去写作业。这就是爸爸比妈妈高明的地方。正因为爸爸用心巧妙，所以能把父母要求乐乐关掉电视变成乐乐主动关掉电视，去完成作业。这样一来，不仅管教水到渠成，而且，因为乐乐是心甘情愿关掉电视的，所以教育的效果非常好。

很多父母都知道不能把父母的意愿强加给孩子，但是当孩子不愿意听从父母的建议去做的时候，他们还是忍不住要强迫孩子接受父母的意见，全然忘记了这样的做法只会导致事与愿违。明智的父母每时每刻都会提醒自己掌握亲子沟通的技巧，也始终反思教育的方式是否得当。父母要了解孩子，真正做到尊重和平等对待孩子，这样才能经营好亲子关系，并让家庭教育水到渠成、事半功倍。

认真倾听孩子，了解孩子的感受和需求

现代社会，随着经济的发展，社会的进步，人心变得越来越浮躁。每个人不仅在社会生活中希望能够一蹴而就，在家庭生活中也失去了慢节奏，而总是希望以最快的速度完成目标。尤其是在教育孩子方面，很多父母都陷入教育焦虑的状态，恨不得用填鸭式教学把孩子打造成知识渊博的全能型人才，却不知道这样的教育模式根本不符合孩子的身心发展规律，对于孩子的成长也是没有任何好处的。

因为心态急躁，很多父母甚至没有耐心倾听孩子，而始终把孩子当成记忆中的襁褓婴儿去对待。这样一来，父母自然无法做到了解孩子的成长节奏、洞察孩子的需求和感受，亲子教育也因为频繁陷入误区而面临尴尬的境遇。常言道，磨刀不误砍柴工，这是告诉人们，在砍柴之前，哪怕花时间准备锋利的器具，也是值得的，因为这样做可以大大提升砍柴的效率。同样的道理，父母要想让教育孩子事半功倍，也应该多多了解孩子，感知孩子的感受和需求，这样才能给予孩子积极的指引和有效的教育。

孩子小时候，父母也许对孩子非常了解，知道孩子喜欢吃什么喝什么，也知道孩子的具体需求。但是随着孩子渐渐长大，父母与孩子之间的关系越来越疏远，孩子如果没有如愿以偿地得到父母的理解和体谅，也会渐渐地疏远父母。不得不说，这样的恶性循环对于发展和维护积极的亲子关系是没有好处的。父母作为亲子关系的主导者，一定要加大力度、更了解孩子，这样才能有的放矢地帮助孩子成长，才能最大限度地打开孩子的心扉、走入孩子的内心。

遗憾的是，现实生活中，很多父母都自以为了解孩子，他们的理由很充分：孩子是我生养的，也是我一手抚养长大的，我怎么会不了解孩子呢？而且，有相当一部分父母对于孩子的了解始终停留在孩子的幼年阶段，却丝毫不自知。不得不说，相比起孩子的成长速度，这样的父母已经OUT了。明智的父母知道，孩子的成长速度非常快，不但身体上变得越来越高大强壮，心灵上也逐渐丰富和充实，精神世界更加强大。在这种情况下，父母也不能始终停留在原地，而应该跟上孩子成长的脚步，坚持学习，坚持充实自己，这样才能让自己与孩子齐头并进、一起成长。

当然，人际关系之中，促进了解的主要方式就是沟通，而沟通的关键在于倾听。父母要想了解孩子，就要经常倾听孩子；要想保持倾听的渠道畅通，就要始终尊重和理解孩子。当孩子进入青春期，很多父母都抱怨孩子对父母关闭心扉，不愿意与父母交流和沟通，不得不说，这样的问题之所以出现，最主要的原因不在孩子身上，而在父母身上。父母要积极地反思自身对于孩子倾诉的态度是否正确，胸怀是否足够宽广、是否可以接纳孩子的情绪和感受。否则，当孩子倾诉的时候，父母总是批评和否定孩子，也无法理解孩子的感受，则只会导致孩子关闭心扉，不愿意继续与父母沟通。

从这个角度而言，当父母对孩子提出要求的时候，更要密切关注孩子的反应，从而给予孩子更加积极的反馈。父母一定要记住，孩子是独立的生命个体，没有义务始终接受父母的安排，完全按照父母的意思去选择和决定很多事情。唯有摆正心态，父母才能与孩子建立良好的亲子关系，才能与孩子保持心意相通、和谐融洽。当无法理解孩子的情绪感

受时，父母还要设身处地地为孩子着想，这样才能尽量感知孩子，与孩子产生共情。

和孩子一起想方设法解决问题

当孩子的表现不尽如人意的时候，很多父母对孩子提出要求，以期让孩子做到令父母满意，或者给孩子提出建议，以期让孩子积极地改变——每当此时，父母常常会无形中采取居高临下的态度，根本没有站在孩子的立场和角度上考虑问题，也没有设身处地为孩子着想、本着和孩子一起解决问题的原则提出有效的建议。父母不知道，曾经那个牙牙学语、凡事都要依赖父母的孩子已经长大了，他有了自己的思想和主张，再也不愿意完全按照父母的心愿去做各种事情。父母呢，如果始终把孩子当成小朋友，则无形中就会对孩子颐指气使。父母一定要端正心态，把自己放在和孩子平等的位置上，这样才能以正确的姿态面对孩子。

和孩子一起想办法解决问题，一看到这个标题，相信就会有不少父母马上为自己解释："我就是为了孩子好，才给孩子出主意，指导孩子怎么做的。"不得不说，这样的父母对于这句话的理解有些片面。和孩子一起想办法解决问题，不是代替孩子作决定，也不是居高临下地指导孩子，而是把自己视为孩子的同伴，或者视为和孩子同属于一个团队的合作伙伴，然后摆正姿态和孩子商量，既表达自己的意见，也尊重孩子的意见，这样才能在自己与孩子之间寻找到平衡点，也与孩子达成共识。

达成基本共识之后，再商讨出具体的解决办法。如果孩子在执行的过程中需要父母协助，父母要给予协助；如果孩子在执行过程中不需要父母协助，父母则只能远观，而不要随便参与。现代社会，之所以高分低能的孩子越来越多，就是因为大多数孩子在成长的过程中尽管有便利的条件学习，却很少有机会进行实际操作。父母总是不由分说就代替孩子做各种事情，作各种决定，美其名曰是在照顾孩子，实际上他们完全忽略了孩子的感受，也彻底剥夺了孩子成长和进步的机会。

明智的父母知道要和孩子一起想办法解决问题，所以，在确定解决思路的过程中，他们能够控制好自己，而绝不随随便便就给孩子明确的解决方案。这是因为他们侧重于启迪孩子的思路，开拓孩子的眼界，而不会因为孩子思维速度慢、解决问题的能力有限，就全权代劳孩子，或者彻底否定孩子提出的解决问题的方案。

在孩子小时候，父母可以无微不至地照顾孩子，而当孩子长大，父母渐渐老去，父母即使再爱孩子，也不可能继续全方位庇护孩子。与其让孩子等到失去父母庇护的时候感到无所适从，不如从现在开始循序渐进地对孩子放手，也有意识地引导孩子在一次又一次的练习中提升和完善自己，最终能够独立地应对这个纷繁复杂的世界。

当然，每个孩子的脾气秉性各不相同，同时，孩子所处的年龄阶段不同，所呈现出的身心发展特点也是不同的。作为父母，不管对孩子采取怎样的教育方式和方法，我们都要坚持一个原则，那就是因人制宜，有针对性地对孩子展开教育和引导。不管是家庭教育还是学校教育，归根结底，教育的对象是每一个生动活泼、个性不同的孩子，父母必须本着尊重和平等对待孩子的原则，给予孩子最大的空间去成长，让他渐渐走向成熟。

第08章

做聪明的父母，熟谙批评与表扬的技巧

孩子在成长的过程中，总是会交错经历失败与成功，也总是会受到父母的表扬与批评。既然受到表扬与批评都是成长的常态，父母就要端正心态，不要一旦看到孩子在成长过程中出现任何问题就马上变得焦虑紧张，而无法做到淡然相对。实际上，只要父母掌握批评与表扬的技巧，就能够最大限度激励孩子进步，同时保证孩子心理健康、情绪良好，从而拥有身心健康、幸福快乐的人生。

不正当的奖励，有可能使孩子走上歪路

不管是在家庭教育中还是在学校教育中，也不管是父母还是老师，成人常常会使用奖励的方式激励有所进步、有所成就的孩子，也以这样的方式激励孩子继续努力、再接再厉。然而，如果奖励的方式不恰当，不但无法让孩子取得进步，还会导致孩子走上歪路。很多孩子习惯了得到奖励这种外部刺激，其内部没有任何驱动力，一旦奖励消失，就会导致进步乏力，甚至出现退步的现象。还有的孩子把奖励当成了努力的目标，对于很多事情，还没有开始做呢，就要求父母给予他们所期望的奖励，渐渐地，孩子的努力变了味道，也根本无法达到预期的效果。

在教育孩子的过程中，每一个父母都要把握适宜的原则，尤其是当孩子对于物质奖励看得比较重时，父母更要慎用物质奖励。否则，当孩子不再把努力视为理所当然，也不再把奖励看作是额外的激励，就会导致缺乏内驱力，而总是把努力与外部的很多激励联系在一起。实际上，孩子的成长是理所当然的事情，也是为了自身的进步，如果父母使用错误的激励手段，将导致孩子误以为自己是为了父母才这么努力和辛苦的。尤其是关于物质奖励，更要减少使用的次数，否则孩子就会始终盯着物质方面，而忽略了自身的驱动力。事实告诉我们，虽然奖励在孩子的成长过程中是切实有效的激励手段，但是，一旦使用不当，就会起到

相反的作用。

在心理学上，针对奖励有一个著名的试验，心理学家也根据实验结果发现了一个心理学规律。这个效应被称为“德西效应”，因为这个实验是德西在1971年进行的。德西以大学生为被试者，在不同的试验小组里给予不同的奖励，或者是不给奖励。最终实验结果证明，当奖励作为附加的物质条件出现在人们努力的过程中，且被人为地与努力过程产生联系，则有的时候非但无法激励人们更加努力，反而会不同程度地使人的积极性降低。这是为什么呢？其实，这与外部驱动力与内部驱动力密切相关。没有奖励的情况下，人们做任何事情都是以内部驱动力为主要驱动力，诸如兴趣、爱好、荣誉感等，都是激励人们不断努力的内部驱动力。而原本没有奖励的过程一旦出现奖励，就会导致人们的内部驱动力转化为外部驱动力，这种情况下，内部驱动力逐渐减弱，而外部驱动力逐渐增强，渐渐地，人们必须依靠外部驱动力才能持续努力。众所周知，人的本性是贪婪的，对于作为外部驱动力来源的奖励，人们会渐渐地生出贪婪的心，产生更高的要求。如此一来，当奖励不能水涨船高，无法满足人们的欲望和需求，人们就会渐渐地感到懈怠，不愿意继续努力。其实，不仅成人的身上会出现德西效应，孩子们的身上同样会出现德西效应，所以父母在亲子教育中一定要慎重使用奖励，而最大限度保持孩子们的内部驱动力。

有个老人在退休之后，拿到了一笔丰厚的退休金，经过精心挑选，他购买了一套小公寓。搬到新的住地之后，老人对于一切都很满意，唯独每天中午，当老人想午休时，总是有很多孩子在公寓楼下的中心花园里嬉戏玩闹，导致老人不堪其扰，根本无法安然入睡。老人虽然几次三番和孩子们交涉，但是都没有取得好的效果。

有一天，老人一反常态，居然自掏腰包购买了一些冷饮给玩耍的孩子们吃。老人告诉孩子们："我老了，无儿无女，非常寂寞，你们每天都要来这里玩，看着你们，我就像看着自己家的孩子，觉得心情好多了。"孩子们有免费的冷饮吃，自然感到很高兴，也更加开心。连续一段时间，老人每天都为孩子们提供免费的食物，有冷饮、糖果、水果、糕点等，孩子们每天都按时来到中心公园，陪伴老人。然而，有一天，老人突然愁眉苦脸地对孩子们说："孩子们，很抱歉，这是我最后一天为你们提供零食。我的退休金出了点问题，从明天开始，我再也没有充足的钱买零食给你们吃了，你们可以继续来陪我吗？"孩子们马上噘起嘴巴，有些孩子索性不满地对老人说："天气这么热，我们也不愿意出来陪你，既然这样，那还是散伙吧，我们明天不会来的。"老人心中暗自窃喜，脸上却表现出失落的样子。果然，次日，没有一个孩子在日头正灼热的正午时分过来，老人终于可以睡一个踏踏实实的午觉了。

在这个事例中，孩子们来中心花园玩耍，原本只是为了休闲娱乐，是自发主动的，所以，老人几次三番和孩子们交涉，孩子们都不愿意放弃这个玩耍的好去处。后来，老人每天都给孩子们提供美味的零食，使得孩子们不知不觉间把内部驱动力转化为外部驱动力，这样一来，当外部驱动力消失，孩子们自然不愿意继续来到中心花园玩耍。

当然，父母教育孩子要慎用奖励，就是要与事例中的做法反其道而行，保护好孩子的内部驱动力，从而使得孩子们可以继续努力上进，不受到是否有奖励的影响。当孩子发自内心地意识到上进是人生必然呈现的状态，他们的内部驱动力也会增强，自然会有更好的表现。因而，父

母一定不要滥用奖励，否则非但不能激励孩子保持进步的姿态，反而会导致孩子在进步的道路上误入歧途，出现倒退的情况。

当然，这也并不是说父母要杜绝奖励孩子，毕竟，对于孩子而言，适当奖励的效果还是非常明显的，也可以给予孩子极大的推动力。具体而言，父母要做到以下三点，才能让奖励起到好处，对孩子起到积极的推动作用。第一点，奖励要适度，不要泛滥，可以偶尔为之，但不要成为约定俗成的习惯，否则就会使孩子产生依赖性。第二点，奖励要以精神奖励为主，也可以奖励孩子去某个地方游玩，而不要总是给予孩子物质奖励，更不要以金钱奖励孩子。否则，会让孩子对于物质和金钱产生过大的欲望，导致孩子的努力完全变了味道。第三点，不要仅仅以学习成绩的进步作为依据奖励孩子，孩子的发展应该是全方面的，父母也应该瞪大眼睛，看到孩子在各个方面的努力进取，从而及时给予孩子适度的奖励。现代社会，教育界提倡素质教育，就是在引导父母和其他教育者更多地关注孩子的全面发展，而不要只是单纯地关注孩子的学习。总而言之，父母要了解孩子，根据具体情况制订最为合理有效的奖励策略，从而争取让奖励对孩子起到最佳的作用。奖励既不要完全杜绝，也不要泛滥成灾，唯有适度且恰当地使用，才有助于孩子成长，才能事半功倍地激励孩子进步和进取。

让孩子尽力做好一些事情，认可孩子的进步

教育的目的是什么？是给孩子一些金钱和物质，还是带孩子出去

玩一次，或者是找机会为孩子购买他心仪已久的礼物？显然，这些答案都是错误的，都浮于表面，而没有深入教育的本质，也忽略了教育的本来目的。实际上，教育的真正目的是让孩子变得更好，所以，哪怕没有这些奖励，只要能够让孩子拼尽全力去做得更好，积极地提升和完善自己，就是好的教育。作为父母，我们要认可孩子的进步，发现孩子身上的闪光点，卓有成效地督促和激励孩子，而不能总是把孩子的成长与外部的奖励联系在一起。发自内心地认可孩子、赞赏孩子，激励孩子做得更好，这才是最重要的。

要想做到这一点，就要求父母把激励孩子进步与奖励区别开来，且要掌握教育的艺术，以正确的方式给予孩子奖励，而不要滥用奖励，否则反而会导致孩子退步。有的时候，如果父母把要求提得太高，还会导致孩子无论怎么努力也无法达到父母的要求，这样一来，孩子就会产生沮丧绝望的负面情绪，甚至变得自暴自弃、一蹶不振。常言道，不忘初心，方得始终，对于父母而言，教育孩子也要始终牢记教育的本来目的，这样才能朝着正确的方向，以正确的方式持续努力。如果父母把孩子带偏了，孩子就会误入歧途，越走越远。

有一天，爸爸接杰米放学，路上，杰米看到家附近新开了一家寿司店，最爱吃寿司的杰米马上问爸爸：“爸爸，如果我期中考试考到班级前十名，你可以带我来吃一次寿司吗？”爸爸正想着如何激励杰米呢，因而在听到杰米的话之后，不假思索地答应杰米：“当然，只要你考试考得好，别说一次寿司，就算是每周吃一次也可以。”杰米很兴奋，当即拍着胸脯向爸爸保证：“放心吧，爸爸，我一定非常努力，争取考出好成绩！”

时间飞逝，很快，期中考试已经结束，成绩也出来了。在准备期中考试期间，爸爸亲眼见证了杰米努力认真地复习，为此还表扬过杰米好几次。但是，成绩始终处于中等的杰米要想冲刺进入前十名谈何容易，最终，杰米只考了第十二名的成绩。虽然这个成绩比起此前的二十名左右已经有了很大的进步，但是没有达到杰米承诺的前十名，为此杰米没有提出让爸爸请他去吃寿司的要求。爸爸呢，知道杰米真的很努力，想要奖励杰米，又担心这样放宽奖励的条件会开一个不好的头，导致杰米以后也总是随便要求奖励。为此，爸爸很犹豫。但是，如果不请杰米吃寿司，爸爸又觉得心中不忍。思来想去，爸爸只好打热线电话向教育专家求助。教育专家说："这位爸爸，你一开始答应孩子考试进入前十名就带他去吃寿司，其实就是错误的，因为这样的承诺无形中把请孩子吃寿司与考试联系到一起。众所周知，考试成绩的排名是不可控的，因此，有的时候孩子即使很努力，遇到其他孩子更努力，也未必会有名次的提升。反之，如果孩子没有很努力，但是其他孩子更加懈怠，名次反而会有进步。而且，把孩子进行横向比较对于孩子也不公平，更合理的方式是让孩子与之前的自己进行纵向比较，这是孩子通过努力就可以掌控的。正确的做法是告诉孩子，只要努力勤奋，与自己之前相比就会有进步。但是是否吃寿司和学习没关系，想吃就可以去吃，只要经济条件允许。这样一来，爸爸可以请孩子吃寿司在前，再见证孩子的努力进取，让孩子意识到学习是自己的事情，与其他任何外部因素无关，从而增强孩子学习的内驱力。"专家的话让爸爸茅塞顿开，爸爸连声感谢专家："真是听君一席话，胜读十年书，以后我还得经常向您请教的。"

专家说得很有道理，孩子的成长与进步都应该是纯粹的，而不应该与任何外部因素联系在一起。否则，如果有朝一日孩子不再喜欢吃寿司，爸爸又要如何激励孩子努力进取呢？只有拥有内部驱动力，才能为孩子的成长提供长久的驱动力。因此，父母要注重培养孩子拥有内部驱动力，而不要总是把原本简单纯粹的事情与很多外部因素联系在一起，否则会让孩子的进步动机不纯粹，也会令其在做很多事情的时候出现表现迥然相异的情况。

对于父母而言，在赏识教育的思想指导下，奖励孩子是没有错误的，毕竟奖励可以让孩子获得更加强大的力量坚持进步。但是，如果廉价的表扬进行多次，孩子就会产生厌倦心理，所以，父母不管是口头表扬孩子，还是物质奖励孩子，都要适度，把握好时机，也要掌握恰当的方法。记住，不要让奖励泛滥，而应珍惜地使用奖励，这才是维持奖励始终有效的最好方式。

激励孩子努力付出，坚持不懈

伟大的发明家爱迪生曾经说过，所谓的成功，是1%的天分，加上99%的汗水。无独有偶，举世闻名的科学家爱因斯坦也曾经说过，成功=艰苦劳动+正确方法+少说空话。古今中外，有很多人对于成功都有不同的理解和定义，这是因为他们的人生经验各不相同。但是，从未有人说过成功是可以一蹴而就地获得的，更没有人说过成功是从天而降的。由此可见，每个人对于成功的理解大同小异，那就是这个世界上从未有过天上掉馅饼的好事情，更未有过一蹴而就的成功。

父母在激励孩子的时候，一定不要赞美孩子长得漂亮或者头脑聪明，因为这些都是天生的，是孩子凭着好运气从父母那里得来的。明智的父母会夸赞孩子非常努力，很勤奋，并激励孩子继续坚持下去，绝不放弃。曾经有心理学家经过研究证实，大多数人先天的条件相差无几，为何有的人能够取得成功，而有的人却总是与失败纠缠不休呢？不是因为成功者天赋异禀，而是因为成功者具有绝不放弃的勇气和毅力。而失败者之所以总是失败，不是因为他们先天能力不足，而是因为不够他们坚定勇敢。成功者始终都能做到向着未来努力前进，即使遭遇再多的坎坷挫折也绝不放弃。长此以往，他们的意志坚强，如同钢铁般永不屈服，就连磨难和失败也被他们踩在脚底下。所以父母要意识到，与其赞美孩子聪明或者长得漂亮，不如赞美孩子非常勤奋努力，渐渐地，孩子才会拥有顽强不屈的意志，才能在成长的道路上遭遇坎坷挫折的时候毫不退缩和畏惧。

自从升入小学，许墨在学习上的表现就很好，始终都能考取班级前十名，不是一百分，就是九十八、九分。为此，爸爸妈妈一看到许墨乐滋滋地拿着成绩单回家，就会激励许墨："许墨可真聪明，比我们都聪明多了，将来一定会有大出息。"其实，文化程度很低的爸爸妈妈不知道，在小学低年级，大多数孩子都能考到一百分或者将近一百分。被爸爸妈妈夸赞得多了，小小年纪的许墨渐渐变得骄傲自大，学习上也不愿意努力。有的时候，偶尔考试退步，被爸爸妈妈督促，他总是说："没关系的，妈妈，我这么聪明，下次就能考好。"

期末考试之后，学校里组织召开家长会。老师特意把许墨妈妈留到会后，对妈妈说："许墨妈妈，你们关心孩子的学习吗？许墨最近退步比较大。”妈妈说：“当然关心，我们每次都会问清楚成绩，还会努力表扬许墨，就为了给他鼓劲。”老师很疑惑：“如果你们关心孩子的学习，孩子不至于这么退步啊？你们是如何鼓励孩子的呢？”妈妈说：“全家人都鼓励许墨，夸赞他非常聪明，将来一定会有大出息。”听了妈妈的话，老师恍然大悟，当即纠正妈妈：“许墨妈妈，不能这么夸孩子啊！”妈妈不明就里：“不都提倡要多多鼓励和夸赞孩子吗？”老师笑起来：“是要鼓励和夸赞孩子，但不是以这样的方式。你想啊，孩子不管是长得漂亮还是聪明，都是天生的，都是不劳而获从父母那里得到的。父母要夸赞孩子努力勤奋，这样才能让孩子意识到，必须坚持付出，才能在学习上有更大的成就。否则，孩子觉得自己天生聪明，不努力也会有所成就，怎么还愿意努力呢？”老师的一席话让妈妈茅塞顿开，妈妈说：“老师，您说得很有道理啊！”

在老师的引导下，妈妈渐渐改变了想法，也把老师的意思讲给家人听。后来，家里人再也不夸赞许墨多么聪明，而是鼓励许墨要知难而上，坚持努力学习。果然，升入二年级之后，许墨的学习成绩有了大幅度提升，也养成了勤奋刻苦的好习惯。

孩子在学习上的好习惯是要循序渐进地养成的，作为父母，我们在教育孩子的过程中一定要坚持正确的引导方法，而不要总是误导孩子。当然，父母也并非故意误导孩子，而只是没有意识到有些教育方法会对孩子起到负面影响而已。当父母绝不是简单容易的职业，作为父母，我们一定要摆正心态，重视对孩子进行教育，并有的放矢地引导孩子，这样才能保证孩子始终在正确的轨道上，健康快乐地成长。

记住，父母应该夸赞孩子努力，而不要夸赞孩子聪明。只有把握夸

赞孩子的重点，父母才能对孩子的成长起到积极的推动作用。当然，也不要过于夸大通往成功的道路多么漫长、实现成功需要超越多少坎坷挫折，否则就会让孩子望而生畏。与其让孩子在还没有付出的时候就已经放弃，不如激励孩子不断地前行，为把美好的理想变成现实而作出努力。

多多激励孩子，让孩子更趋于完美

很多父母总是对孩子提出过高的要求，他们忘记了孩子正处于成长的关键时期，也忽略了孩子的成长是漫长而又缓慢的过程，就急功近利地催促孩子，希望孩子一蹴而就地获得成功。实际上，这个世界上从来没有天上掉馅饼的好事，更没有一蹴而就的成功。父母要想获得期望中完美的孩子，就要多多激励孩子，接受孩子的不完美，并耐心地引导孩子，让孩子在成长的道路上砥砺前行，唯有如此，随着不断成长，孩子才会更加趋于完美。

遗憾的是，现实生活中的父母都太“坚持原则”，在孩子没有达到他们的预期之前，他们非常吝啬，绝不愿意慷慨地夸赞孩子。这直接导致孩子在成长过程中的努力就像是在马拉松比赛中沉重的脚步一样，也许已经付出努力，却没有丝毫成果。在日本，曾经有一位马拉松选手山田本一，他身材矮小，其貌不扬，却接连在两届世界马拉松比赛中获得冠军。这是为什么呢？原来，山田本一每次参加比赛，都会在比赛之前熟悉比赛路径，并且记下路径中明显的标志物，从而以这些标志物对整个路径进行合理划分。这样，当其他参赛选手都在努力坚持着奔向遥远的终点时，山田本一却满怀希望地到达一个个中点，并激励自己在开始下一段路程的时候依然动力十足，保持速度。就这样，山田本一把一个个选手远远甩在身后，夺得了马拉松比赛的冠军。所以在有记者采访的时候，山田本一也据实回答“凭着智慧取胜”。尽管很多人都认为山田本一说凭着智慧取胜是在故弄玄虚，但是山田本一很清楚自己是如何凭着智慧取胜的。

如果父母在孩子没有实现终极目标之前始终吝啬赞扬孩子，则会导致孩子身心疲惫，甚至没有足够的动力坚持下去。明智的父母不会对孩子这么苛刻，而是会及时发现孩子的每一个小小进步，并以恰当的方式激励孩子、奖励孩子，至少也会真诚地称赞孩子。孩子还小，缺乏明确认知自我的能力，为此父母的认可和赞许对于他们而言至关重要。当然，在孩子到达目的地之前夸赞孩子时，父母要注意避免言过其实。父母对孩子的夸赞要用心，可以夸赞孩子非常努力，也可以夸赞孩子敢于尝试，还可以夸赞孩子进步很大，对于孩子而言，这些夸赞都很悦耳，且能够让他们动心。

一直以来，小可都是个粗心大意的家伙，每次数学考试，总是因为看错题目导致简单的计算题出错，为此，妈妈不知道批评了小可多少次，但是收效甚微。这次，在月考中，小可的成绩有了进步，虽然试卷很简单，但是小可考一百分可不容易。妈妈当机立断夸赞小可：“小可，你真是有了很大的进步，以往，越是简单的试卷你越是三心二意，容易出错，这次试卷这么简单，你居然考了一百分，这充分说明你已经暂时战胜了粗心大意的坏毛病。妈妈相信，只要你继续努力，再接再厉，彻底戒掉粗心的毛病，数学成绩一定会有大幅度提高。”已经习惯了因为粗心被妈妈训斥的小可，一下子被妈妈赞许，感到非常兴奋。妈妈乘胜追击，隔三差五就表扬小可写作业的时候也变得一丝不苟。从此，小可居然有了惊人的变化，真的如同妈妈所表扬的那样认真细致，渐渐地改掉了粗心的坏习惯。

在这个事例中，妈妈在尝试很多种批评的方法都没有效果之后，决定借助小可在月考中数学考取满分的机会，认可与激励小可，从而让小可在学习上有了突飞猛进的发展。实际上，在教育孩子的过程中，很多父母都忽视了作为主体的孩子，也没有真正根据孩子的脾气秉性选择适宜的方法去教育孩子。假如父母能够做到以人为本，并完全从孩子的心理角度出发，选择适宜的办法激励孩子，则对于孩子的成长会起到很好的作用。

作为父母一定要记住，如果你想激励孩子不断进步，如果你想鼓励孩子充满勇气尝试新事物，你就要多多肯定和表扬孩子。表扬可以不要那么满，适度即可，却能给孩子积极的力量，也让孩子对于成长有更多的信心。作为父母，我们对于孩子可以吝啬，那就是在物质上不要给孩子提供过于丰厚的选择。而在精神上，父母要给孩子足够的支撑，让孩子心灵充实、感情丰富细腻，这样才能给孩子的成长提供最为均衡的营养。

让孩子充满干劲

面对同一样事情，感兴趣的人和不感兴趣的人会有截然不同的表现；面对同一样事情，有干劲的人和没有干劲的人，也会取得有天壤之别的结果。作为父母，我们当然希望孩子在各个方面都有很好的表现，那么，如何让孩子充满干劲呢？毕竟，只有充满干劲，孩子才能勇往直前，绝不畏缩和退却。正如人们常说的，兴趣是最好的老师，对于孩子而言同样如此。要想让孩子充满干劲，父母就要有意识地培养孩子的兴趣，或者发掘孩子的兴趣所在。很多父母自以为了解孩子，实际上对于孩子的所思所想以及孩子对什么事情感兴趣浑然不知。因此，父母要加深对孩子的了解，这样才能更加有效地激励孩子，促进孩子努力和提升。

很多父母会把激发孩子的干劲和给予孩子过多的外部奖励混为一谈，他们很吝啬于激励孩子，因为他们觉得激励孩子有干劲会让孩子失去自主努力的动力。不得不说，激发孩子的干劲，和给孩子外部奖励截然不同。前文说过，如果过多地给予孩子外部奖励，会导致孩子把内部驱动力转化为外部驱动力，在学习中陷入被动的状态。而激发孩子的干劲恰恰相反，目的就在于激发出孩子内在的行动力，与保护孩子的内部驱动力不谋而合。激发孩子的干劲，未必要以给予孩子奖励的方式进行，而是可以借助于很多孩子喜欢的工具。这些工具会让孩子对于不喜欢做的事情产生内部驱动力，而又不至于让他们对这些工具产生依赖性。从本质上而言，这些工具是在给孩子提供乐趣，而不是让孩子为自己的言行举止找到依赖的理由。

妈妈十月怀胎生下小妹妹，已经读小学的思琪突然不愿意去学校了。她不明白：为何妈妈留在家里不去工作，我还要去学校呢？原来，在思琪的认知中，她觉得休息就是要全家人都留在家里，相互陪伴。为此，妈妈非常苦恼，想方设法劝说思琪去学校，也向思琪解释自己因为是在坐月子所以才不用去上班，但是思琪就是不听，每天早晨上学的时候都哭哭啼啼的，不愿意配合。

有一天，妈妈看着哭闹不休的思琪和束手无策的爸爸，突然想到一个好主意。思琪很喜欢收集橡皮和各种款式的自动笔，为此妈妈网购了很多款式新颖的橡皮和自动笔，将其放在一个非常漂亮可爱的铁盒子里，准备留待思琪放学回家之后作抽奖之用。一切准备好之后，妈妈告诉思琪：“思琪，你每天上学都很辛苦，为此妈妈决定每天都给你提供一次抽奖的机会，就是你可以在这个铁盒子里抽奖，奖品是你喜欢的各色橡皮和自动笔。”当天，思琪就抽到了一块自己心仪已久的草莓造型且有着草莓香味的橡皮，她为此兴高采烈。次日上学，思琪再也不愁眉苦脸，而是开心地和妈妈告别，并且询问妈妈：“妈妈，我放学回家之后还可以抽奖吗？”妈妈给予思琪肯定的回答，思琪一回到家里就抽奖，心情越来越好。

在这个事例中，面对思琪出现的难以理解的厌学行为，妈妈再三解释也没有收到良好的效果，为此只能另寻其他的解决办法。为此，妈妈买了思琪眼下最喜欢的橡皮和自动笔，并且精心准备好抽奖的工作，从而让思琪辛苦上学一整天之后回家就可以抽到自己喜欢的奖品，这对于思琪而言简直太美妙了。因为每日憧憬的抽奖一刻，思琪再也不厌倦上学，甚至对于上学充满期盼，因为她知道，只要去上学，回来就可以“抽奖”、得到奖品。其实，橡皮和自动铅笔都不是什么值钱的东西，但是因为喜欢，思琪非常宝贝它们，也把它们视为最好的礼物。也因此，这些工具有效地激发起思琪对于上学的兴趣，也让思琪对上学充满干劲，乐此不疲。等到度过厌学阶段，看到妈妈也休完产假去上班，思琪对学习就会形成良好稳定的行为习惯，再也不会因为家庭生活中小小的改变就抗拒上学。

当然，用各种工具吸引孩子、激发孩子干劲的时候，也要讲究方式方法。很多父母误以为越是贵重的东西越是能够激发孩子的主动性，其实，也许孩子的确会因为心仪已久的贵重物品而变得主动，但是这样的改变是暂时的，因为对于物质的强烈欲望让孩子无须调动内心的力量就可以达到父母的要求。毫无疑问，这是本末倒置的。父母在选择工具的时候，要选择孩子最喜欢而且金钱价值比较低的物品，这样才能最大限度激发起孩子的兴趣和干劲，从而收到持久的效果。

鼓励和表扬，激发孩子发现事情本身的乐趣

随着渐渐长大，七八岁的孩子已经可以发现很多事情本身的乐趣，当他们做一件事情变得和幼年时的动机一样纯粹——仅仅是觉得某件事情很有趣——他们才能坚持下去，并真正投身于做事情的过程中。遗憾的是，现代社会的父母总是习惯于为孩子安排各种各样的事情，他们恨不得代替孩子做一切事情，由此一来，导致孩子在被安排中感觉变得迟钝和乏味，也就无法自主地发现事情本身的乐趣所在。

前文我们一直在说内部驱动力和外部驱动力的问题，毫无疑问，对于不感兴趣的事情，孩子根本没有内部驱动力可言。所以，哪怕孩子最初只是因为外部因素（诸如父母安排的影响），而就决定做某件事情，父母也要循序渐进地引导孩子发现活动本身给孩子带来的乐趣和收获。当然，这是一个漫长的过程，孩子绝不会因为父母都说起某件事情很有

趣就马上真正感受到乐趣，他们必须依靠自己用心去体会，才能渐渐地深入事情内部，找到能够激发自己兴趣的点。

晓明从小就身体瘦弱，他是个早产儿，所以不但身高体重不达标，还体弱多病，常常生出各种各样的小毛病。在晓明小时候，妈妈每天都提心吊胆，总是担心晓明身体会出状况，晓明也确实头疼脑热不断。随着晓明渐渐长大，妈妈决定找到合适的锻炼身体的方法，增强晓明的体质。在三年级暑假，妈妈为晓明报了足球训练营。晓明原本很抵触，但是，在妈妈的坚持下，他不得不去参加足球训练。

训练营里的孩子体质都很强壮，晓明是其中体质和耐力最差的，常常是训练没多久晓明就气喘吁吁。有段时间，晓明又向妈妈表示抗拒，说要停止足球训练。妈妈苦口婆心劝说晓明坚持，却收效甚微。无奈之下，妈妈只好求助于心理专家，希望能够从心理专家那里得到更有效的方式激励晓明。心理专家建议妈妈："既然孩子原本不喜欢足球，你就要从让孩子爱上踢足球开始做起。"妈妈很为难："可是他现在就不想继续练习了，我还如何让他爱上足球呢？"心理专家说："孩子还小，作出很多选择的时候往往会因为感性而冲动，适度的强迫也未必不可取。你可以让孩子尝试着把球踢入球门，让孩子感受到进球的乐趣，这样孩子会感受到竞技类运动项目的独特魅力。此外，最近正在进行世界杯比赛，你还可以陪着孩子一起看球，让孩子感受绿茵场上的纵情和肆意。渐渐地，孩子也许就会喜欢足球了呢！"

妈妈觉得心理专家的话很有道理，因而回到家里当即开始准备看球赛的零食、饮料，晚上居然郑重其事地邀请晓明和爸爸一起看球。在看球的过程中，晓明从情绪平静到渐渐激动，越来越感受到足球的魅力。妈妈趁热打铁问晓明：“晓明，想亲自感受进球的快乐吗？”晓明为难地说：“当然想，但是我这么瘦弱，在球队里根本竞争不过其他的同伴。”妈妈说：“瘦弱没关系啊，随着运动量增大，你会发现自己吃饭越来越香，饭量也会增大。其实，你现在吃饭已经比之前多了，对不对？”晓明点点头，妈妈继续说：“我已经咨询了营养师，多喝蛋白粉，多吃牛肉，能让人快速强壮起来。妈妈会从饮食上帮助你调节的，你愿意和妈妈一起继续努力吗？”晓明怦然心动，答应和妈妈一起加油。渐渐地，随着练习的推进，晓明在足球方面的表现越来越好，进步越来越大，也发现了踢球的乐趣。后来，训练营结束，晓明还主动向妈妈提出能否利用周末的时间继续练习踢足球呢！妈妈当然求之不得。如今，晓明不但球技突飞猛进，身体也更加强壮。

经过妈妈的引导和自身的坚持，原本瘦弱的晓明终于真正爱上了踢足球。这就是一个过程。在此过程中，晓明从缺乏自信，到自信满满，从身体瘦弱，再到身体强壮，经历了很多，也付出了很多。最重要的是，他终于发现了踢足球的乐趣，所以才能产生内部驱动力，始终坚持踢球，从而把球踢得越来越好。

在最初引导孩子坚持做某件事情的时候，父母可以适度使用外部动机刺激孩子，当然，前提条件是这个外部动机的确能够激励孩子，给孩子带来快乐。接下来，父母还要在坚持的过程中引导孩子发现事情本身的乐趣，这样才能及时把外部动机转化为内部动机，才能让孩子的积极表现更加持久。有些父母因为顾忌外部动机的作用转瞬即逝，所以坚持不对孩子进行外部动机激励。实际上，这样的想法是错误的。因为，如果不管孩子做什么，父母都觉得孩子是理所当然的，就会对孩子的成长和进步怀着无视且麻木的态度，这样一来，孩子如何能受到激励呢？其实，不管是外部动机还是内部动机，只要用好了，就能对孩子的成长起到积极的推动作用。作为父母，我们一定要尊重孩子，更要恰到好处地激励孩子进步，这样，孩子才会拥有充实快乐的人生。

激励孩子在挫折中保持自信

尽管很多父母已经意识到赏识教育对于孩子成长起到重要的作用，也的确身体力行、尽量给予孩子更多的表扬和赞许，但是孩子的成长受到很多因素的影响，有很大的不确定性，所以，哪怕父母已经做得很好，孩子也未必能够继续坚持，最终获得成功。那么，当孩子遭遇挫折和失败的时候，父母又要怎么去做，才能让孩子在挫折中始终保持自信，并鼓起勇气再次尝试、继续努力呢？

常言道，人生不如意十之八九，对于每个人来说，人生都不是一帆风顺的，孩子的成长也是如此。一个人要想成为真正的人生强者，就要承受人生的挫折和磨砺，也要做到踩着失败的阶梯前进，砥砺前行，绝不退缩。作为父母，我们与其给孩子很多的金钱和物质作为生活的保障，不如教会孩子如何面对挫折，并帮助孩子养成在磨难中崛起的好习惯，这会令孩子在一生之中受益无穷。前文曾经说过习得性无助，其实孩子也会有这样的行为表现，即在接连遭受打击的情况下，内心受到挫折，再也无法鼓起勇气继续尝试、争取获得成功。对于每个人的人生而言，这都是非常可怕的状态。因为一次失败并不意味着永远失败，而一蹶不振却意味着彻底失去成功的可能性。

孩子身上最明显的习得性无助表现，就体现在学习方面。那些成绩优异的学霸，一定拥有越挫越勇的品质，他们在遭受挫折与磨难之后，总是能够鼓起勇气，继续尝试，不成功誓不罢休。而那些在学习上表现平平的孩子，往往都有习得性无助的倾向，即他们一旦在学习上遭遇挫折，就会一蹶不振，沮丧绝望，也会因此陷入深刻的负面情绪之中无法自拔。这样一来，他们当然无法在学习上奋起。还有些内心脆弱的孩子，会因为不小心把某一门课程考砸了，而彻底放弃那门课程；或者因为课堂上表现不好而被任课老师批评，对相应的课程学习也兴致索然。不得不说，这些习得性无助的表现，对于孩子的成长不会产生任何积极的作用，只会拖孩子的后腿，导致孩子在成长过程中面临诸多困境和无奈。

父母还需要注意的是，为了让孩子摆脱习得性无助，很有必要激励孩子打破旧有的行为模式，创造出新的行为模式。这是因为旧有的行为模式只会带来陈旧的结果，而唯有创新的行为模式，才能让孩子获得崭新的未来，获得真正的突破。这样一来，就能突破失败带来的沮丧感，也可以帮助孩子重新塑造对于失败的认知。

有人觉得，失败就是致命的打击，但是古往今来无数的成功者告诉我们，唯有踩着失败的阶梯，人才能坚持进步，并获得更好的结果。实际上，和因为惧怕失败而彻底放弃、导致人生无所作为相比，接纳失败、理性分析失败形成的原因、从失败中汲取经验和教训、继续前进，这才是更加重要的。如果一定要说成功者与失败者之间有什么不同，那就是成功者能够面对失败，也能够以失败作为垫脚石坚持进取；而失败者总是在失败的打击下对自己信心全无，自然也就没有机会打好漂亮的翻身仗。

父母给予孩子的最珍贵的礼物就是自信。为了培养孩子的自信心，父母可以先安排孩子从事一些难度较小的事情，当然，这里所说的难度较小是针对孩子的能力和水平而言的。如果孩子的能力是六十分，那么父母可以安排七八十分难度的事情让孩子做，这样一来，孩子必须努力一把，才能把事情圆满完成。反之，如果孩子的能力是一百分，那么父母就不要安排低于孩子能力的事情让孩子做，最佳的难度是一百二十分到一百三十分。这是因为，随着能力的增强，孩子突破和超越自我的能力也有所增强，所以父母要根据孩子的情况有的放矢地增强孩子的能力、塑造孩子的信心。此外，如果孩子刚刚受到沉重的打击，自信心匮乏，那么父母可以适当降低任务的难度，这样才有助于孩子完成任务，并有助于帮助孩子恢复信心。总而言之，父母作为曾经最了解孩子的人，也要继续跟随孩子成长的脚步了解孩子，学习关于儿童心理学和教育学的相关知识，这样才能与时俱进地陪伴孩子，并与孩子在人生的道路上并驾齐驱、共同获得巨大的进步。

第 09 章

和孩子好好聊聊天，享受与孩子相处的时光

父母要想做到和孩子顺畅沟通，就要从与孩子好好聊天做起。随着孩子渐渐长大，很多父母都会感到困惑：曾经小嘴巴一刻不停、主动向父母倾诉的孩子去哪里了？也有的父母想不明白：为何孩子小时候喜欢和父母聊天，长大了有了心思，就不愿意和父母聊天了呢？之所以出现这样的情况，一则是因为孩子长大了，心思更加敏感细腻，二则是因为父母对于孩子的要求越来越高，无法像曾经那样做到对孩子轻易知足，所以难免会无法控制住激动的情绪训斥、否定和批评孩子。长此以往，亲子感情自然会淡漠，亲子关系也会渐渐地疏远。

聊天要营造轻松愉悦的氛围

随着孩子渐渐长成，很多父母都发现曾经那个无忧无虑、始终对父母敞开心扉的孩子不见了，取而代之的是一个愁容满面、满腹心事、一回到家里就把自己关入房间的孩子。父母在亲子沟通中的角色发生了戏剧性的改变，原本是孩子向父母倾诉，父母必须控制好自己才能不表现出厌烦的样子；现在却是父母追着孩子问话，孩子必须控制好自己才能勉强以最简明扼要的语言敷衍父母。尤其是青春期孩子，他们在这个方面的表现更加明显，他们常常把自己关闭在房间里一整天，大门不出，二门不迈，完全独享属于自己的小世界。这一则是因为孩子有了独处的需求，二则是因为孩子不信任父母、不愿意向父母敞开心扉。意识到孩子的改变和心态变化之后，父母应该主动改善亲子关系，增进亲子感情，尤其需要注意的是要营造出轻松愉悦的沟通氛围，这样才能更加顺畅地与孩子沟通，并成功地打开孩子紧紧关闭的心门。

要想营造轻松愉悦的氛围，父母就要找准话题。众所周知，陌生人之间交流时，为了促使交流顺利进行下去，要选择对方感兴趣的话题。父母与孩子之间的关系尽管亲密无间，但也属于普通人际关系的一种，所以父母同样要寻找孩子感兴趣的话题，这样才能激发出孩子的谈兴，让孩子乐于与父母交谈，也愿意对父母敞开真心。遗憾的是，现实生活

中，父母往往跟不上孩子成长的脚步，在孩子小时候，他们要负责孩子的吃喝拉撒、衣食住行，而随着不断成长，孩子的需求重心已经发生偏移，他们更希望得到精神上的扶持和感情上的满足，而父母却依然关注他们的基本生理需求。此外，父母还关心他们的学习表现与学习成绩。毋庸置疑，孩子对于这些话题根本不感兴趣，当父母提起的时候，他们当然会心生反感，也根本不愿意配合父母去沟通和交流。所以，当发现孩子对于亲子沟通提不起兴致来的时候，父母先不要急于批评和训斥孩子，而应该从自己的身上寻找原因，看看自己所选择的话题是否符合孩子的身心发展规律。父母也可以把孩子当成完全陌生的人，仔细观察并且认真审视孩子，这样才能发现孩子的个性特点，以及对于什么事情感兴趣。如此做好准备工作，再有的放矢地与孩子沟通和交流，效果当然会更好。

自从进入青春期，爸爸与乐乐之间的沟通越来越少，偶尔交流，也总是会发生不愉快。渐渐地，不但乐乐对于亲子沟通心有余悸，就连爸爸每次和乐乐沟通之前也总是感到很担忧。

有一天，妈妈接到老师电话，知道乐乐在学校里和同学产生了矛盾。为此，妈妈把情况告诉爸爸，希望爸爸能够以男性的身份启发和引导乐乐。为了避免爸爸和乐乐之间再发生争执，妈妈再三强调让爸爸一定要摆正心态，控制好情绪，从而最大限度帮助乐乐。爸爸答应了妈妈的请求，但是如何才能和乐乐友好地进行交谈呢？这是个难题。爸爸思来想去，决定找一个乐乐感兴趣的话题。晚餐之后，爸爸借着送牛奶给乐乐的机会，问乐乐：“乐乐，最近怎么样？有没有结交新朋友？”乐乐一开始采取对爸爸敷衍了事的态度，说：“还好吧，和以前差不多。”爸爸对乐乐倾诉：“那就好，要是和身边的人搞不好关系，那就太痛苦了。最近，我在单位里进展就很不顺利，和同事的关系不太好。实际上完全不怪我，就是怪那个同事性格古怪，但是他就坐在我的对面，我每天看到他都难受极了。”听到爸爸的倾诉，乐乐同情地看着爸爸：“那么，你怎么上班啊？”爸爸说：“我当然只能忍受。不过，后来我发现一个好办法。”乐乐惊讶地问：“什么办法？把他赶走吗？”爸爸夸张地惊叫起来：“那怎么可能？我又不是领导，况且我就算是领导也不能随便辞退人家。”乐乐疑惑地看着爸爸，爸爸继续说：“我虽然不能改变他，但是我可以改变自己啊！我让自己变得喜欢他，或者至少没有那么讨厌他。认真想一想，他为人的脾气秉性和我完全没关系，只要他没有侵犯我的利益或者故意触犯我，我就无须看到他就生气啊！”乐乐陷入沉思，良久才说：“的确，这是个好办法。”后来，乐乐把自己的心思也告诉了爸爸，他问爸爸：“为何总有人是我们不喜欢的呢？”爸爸笑起来：“我们现在看着别人觉得不喜欢，其实别人也正在看着我们觉得讨厌呢！每个人的脾气秉性各不相同，不可能完全做到喜欢的，只要互相能接受就好。”就这样，乐乐和爸爸开怀一笑。

在这个事例中，爸爸之所以能打开乐乐的心扉，是因为他先把自己在工作中、生活中不开心的事情告诉乐乐，坦诚对待乐乐，所以才能得到乐乐的坦诚相待。此外，爸爸并没有盲目地批评乐乐，而是以切身经历告诉乐乐每个人在生活中都有可能遇到自己不喜欢的人和事情，最重要的不是排斥和抗拒，而是努力去接受。

除了要以倾诉的姿态赢得孩子的信任之外，为了与孩子顺畅展开交谈，我们还可以找到与孩子的共同话题。为了与孩子有共同话题，父母可以多多关注青少年感兴趣的事情。诸如网络上的热点新闻、流行用语，或者孩子们正在追捧的影视剧、书籍等，都可以成为沟通的好话题。如果不是有的放矢针地对孩子的某一次考试成绩进行讨论，父母最好不要以和孩子谈论学习为开篇。退一步而言，即使要针对孩子的学习情况进行讨论，父母也可以巧妙地顾左右而言他，从无关学习的话题开始说起，渐渐地生发开去，把话题引到学习方面来，这样孩子更容易接受，也不会在一开始的时候就对父母产生抵触心理。

很多喜欢运动的人都知道，在进行剧烈的运动之前，一定要进行热身运动，这样运动的时候才能活动得开，才能保护好身体的关节、肌肉和韧带等。父母要想与孩子酣畅淋漓地交谈，也需要进行热身运动，先以不咸不淡的闲话与孩子展开攀谈，再逐步推进话题朝着更深入的方向发展，如此一来，孩子就不会觉得突兀，也会有心理准备，在与父母交谈的过程中便会表现得更加轻松随意。

总而言之，在人际关系中，沟通是一门艺术，亲子关系虽然很亲近，甚至堪称亲密无间，却也属于普通人际关系的一种，也需要用心经营和维护。尤其是随着渐渐长大，孩子成为有独立思想意识和主见的生命个体，父母就更要尊重孩子、平等对待孩子，并尽量了解和理解孩子。唯有如此，才能真正打开孩子的心扉，与孩子进行毫无嫌隙的沟通和交流。此外，当沟通出现分歧的时候，如果需要，父母还可以设身处地地站在孩子的角度上思考问题，为孩子考虑，也体会孩子的情绪感受，这样，父母才能把话说到孩子的心里去，才能让孩子更愿意与父母沟通。

给孩子主动表达的机会

很多父母都抱怨孩子不愿意表达，殊不知，问题出在父母身上。作为父母，我们不妨扪心自问：我可曾知道孩子的心里在想什么？我有多久没有和孩子享受安静的亲子时光了？我是否真正给过孩子机会表达心中的情绪感受？我想要与孩子沟通的时候，孩子是否也正想与我沟通？对于这些问题，大多数父母给出的都是否定的答案，作为父母的他们从未考虑过孩子的感受，更不知道孩子对哪些问题感兴趣。这样盲目地与孩子交流和沟通，怎么可能有积极的作用和效果呢？

有的时候，即使孩子想要和父母倾诉，父母也会不耐烦。诸如当孩子说起与学习无关的事情，父母总是心生厌倦，乃至训斥孩子。长此以往，孩子再也不愿意和父母交流。作为父母，我们不要再抱怨孩子对父母关闭心扉，而应给孩子提供机会主动表达。沟通是心与心的桥梁，如果心意不相通，误解就会产生，信息也会处于闭塞的状态。基于这样的情况，父母不如把沟通的主动权交给孩子，先让孩子尽情地主动倾诉，在想表达的时候就表达，并随时都能得到父母的倾听；在沟通的过程中，也把决定话题的权利交给孩子，让孩子自主选择自己感兴趣的话题，从而与父母畅谈。在这个阶段，父母无须强求孩子说什么、怎么说，因为只要孩子愿意说就是好事情。

过了这个阶段，父母与孩子之间建立起顺畅的亲子沟通渠道，亲子之间也相互信任和理解，父母才可以循序渐进地引导孩子，以恰当的方式在必要的情况下和孩子谈起学习等事情。父母需要注意的是，不要随时随地和孩子谈论学习，哪怕是学习成绩非常好的孩子，在经历一天的辛苦学习之后，也不愿意继续让耳边回荡起学习这两个字。对孩子谈论学习，父母一定要把握好度，而不要没有限度，并且，要掌握合适的时机，而不要每时每刻。未必父母说得越多，孩子的学习成绩就越好。一旦在孩子心中引起超限效应，就会激发起孩子的逆反心理，也导致亲子关系紧张和恶化。把话说得少而精，把话说到刀刃上，这对于亲子沟通而言才是最重要的，才能收到事半功倍的效果。

当父母意识到问题出在自己身上，就不会再把不聊天的责任完全归咎于孩子。也唯有如此，父母才能主动反思自己，从而顺利打开孩子的心扉。要想做到这一点，父母就要对孩子有足够的耐心，在孩子表现出主动沟通的欲望时，不要急于否定孩子的表达，而应探究孩子言行举止背后的深层次心理原因，从而有的放矢地对待孩子，并积极地教育和引导孩子。

放学回家，豆豆欲言又止，似乎下了很大的决心，才决定对妈妈说。

豆豆：妈妈，我需要买一双新鞋子。

妈妈：为什么，我不是刚刚给你买了一双鞋子吗？

豆豆：那双鞋子不是很舒服，有些捂脚。

妈妈：那可是一双名牌运动鞋，二百多块钱呢！我的鞋子才一百多。

豆豆：真的不舒服，我的脚经常流汗。

妈妈：天气这么热，谁的脚不流汗啊，等到放暑假就好了！

……

就这样，妈妈残忍地拒绝了豆豆的请求，她甚至没有完全弄清楚豆豆为何要买一双新鞋子。假如妈妈能够改变思路，积极地与豆豆沟通，结果也许截然不同。

放学回家，豆豆欲言又止，似乎下了很大的决心，才决定对妈妈说。

豆豆：妈妈，我需要买一双新鞋子。

妈妈：为什么，我不是刚刚给你买了一双鞋子吗？

豆豆：那双鞋子不是很舒服，有些捂脚。

妈妈：那可是一双名牌运动鞋，二百多块钱呢！你还有更多的理由吗？

豆豆：真的不舒服，我的脚经常流汗。而且，这双鞋子不太合脚，有点儿大，我有一次上体育课的时候把鞋子都甩出去了。我想我需要一双适合夏天穿的薄的运动鞋，这一双可以留着夏天过去秋天再穿，到时候我的脚也长了一些，就不会显得大了。

妈妈：你这么说也有道理，可能是我买鞋子的时候贪大了。那就再买一双吧，这一双过几个月秋天再穿也不浪费。

……

如果你是豆豆，在进行第一种类型的对话之后，当再次产生需求的时候，你还愿意和妈妈沟通吗？只怕你会心有余悸，根本不想有同样的经历，因为妈妈不但忽视了你的需求，还抱怨你花了她太多的钱。而在第二种类型的对话中，妈妈很关心豆豆，详细询问为何豆豆还要买一双运动鞋，而且在豆豆给出合理的理由之后，当即同意给豆豆再买一双运动鞋。对于妈妈的处理方案，豆豆当然很高兴，等到他再产生其他需求的时候，不管是否认定需求合理，他都有勇气和妈妈商议着解决问题。

当然，如果孩子提出的要求是不合理的，那么父母无须无原则地满足孩子的要求。但是，即使拒绝孩子，也要讲究方式方法，而不能简单粗暴。在拒绝孩子的过程中，父母不但可以表达拒绝孩子的态度，还可以再次重复拒绝孩子的理由，也向孩子重申父母的原则和立场。这样一来，不仅拒绝了孩子，也合理安抚了孩子的情绪，没有给孩子造成心理上的阴影，可谓一举数得。当然，通过聊天教育孩子也要适度，而不要把每次聊天都变成给孩子上教育课，否则就会让孩子对聊天失去兴趣，也对和父母沟通心有余悸。这样一来，孩子再次关闭心门，亲子沟通自然无法顺畅进行下去，也会导致亲子感情淡漠，由此引发一系列的亲子问题。所以，父母在面对孩子的时候不要怀着强烈的功利心，而要知道父母爱孩子是出于本能，也是一种责任和义务，付出要纯粹，而不要总是奢望得到孩子的回报，更不要以此作为条件和孩子交换。人与人之间的交往总是相互的，亲子交往同样如此。古人云，己所不欲，勿施于人，如果父母不知道如何才能在亲子沟通中做得更好，不如就把自己想象成孩子，以更好地理解和体谅孩子，也保证亲子沟通进展顺利、效率倍增。

教育孩子要化于无形

很多父母都觉得孩子正在向着父母关闭心扉，却又完全不知道问题出在哪里，只能看着孩子的心与自己渐行渐远，不断疏离。实际上，孩子之所以不愿意与父母沟通，就是因为父母总是抓住各种各样的机会想要教育孩子，而没有给予孩子更多的自由成长的空间。大多数父母都会犯自以为是的错误，觉得孩子还小，没有掌握人生中的更多知识和技能，也缺乏人生经验。为此，他们总是对孩子喋喋不休，甚至对孩子唠叨不止，抓住一切机会教育孩子、开化孩子。实际上，孩子对于这样的父母非常反感，每个孩子就像是生活在水里的鱼，需要以自由为水才能存活。如果父母不给孩子自由喘息的空间，孩子就会窒息，他们也许会忍耐，但是日久天长，必然会想出各种办法为自己争取权利和利益。

父母要尊重孩子，这不仅要在口头上说出来，也要切实做出来。当然，说距离做还有漫长的距离，父母要付出点点滴滴的努力，坚持进步，才能有更好的行为和表现。如果总是把一切好的想法都流于空想，则不会有任何积极的进步。作为父母，我们教育孩子一定要把握合适的时机，若教育过于泛滥，就会引起孩子反感，甚至导致恶劣的后果。因此，父母要有的放矢地教育孩子，只有让教育变得更精，才能让教育起到画龙点睛的作用。

现实生活中，还有很多父母因为忙于工作而没有时间陪伴孩子；也有的父母看似在陪伴孩子，却始终用眼睛盯着手机，导致陪伴流于形式，根本无法收到好的效果。也有的父母与前面这样的父母恰恰相反，即陪伴孩子的过程中始终用眼睛盯着孩子，不愿意有片刻放松，导致孩子感到窒息，根本没有选择的自由，渐渐地感到窒息。

一直以来，妈妈都觉得志伟的意志力比较薄弱，在做很多事情的时候都有强烈的畏难心理，总是遇到小小的困难就放弃，根本无法坚持下去。对于志伟的表现，妈妈很不满意，为此，她常常找各种机会磨炼志伟的意志力。

正值暑假，一个培训机构正好在组织野外拓展项目，为此，妈妈当机立断给志伟报了名，根本没有征求志伟的意见。听说要去山里生存一个星期，志伟感到很畏惧，和妈妈商量能不能放弃，妈妈却态度坚决："不可以！"在妈妈的坚持下，志伟参加了野外生存拓展项目，虽然哭过好几次，但是好歹坚持下来了。野外拓展后，妈妈让志伟休息了一个星期的时间，然后就全家总动员，开始组织一家三口的爬山活动。原本，志伟不想参加，但是妈妈不断地鼓励他一定要勇敢无畏，他才最终决定和爸爸妈妈一起去爬山。爬到半山腰的时候，志伟感到特别疲惫，两腿发软，再也不想向上爬。这时，妈妈马上开始教育志伟："作为男孩子，你一定要有勇气，要非常勇敢，否则怎么能够成才呢，怎么能有所担当呢……"妈妈喋喋不休说了很久，志伟忍耐着，在心里暗暗下定决心：以后再也不和妈妈一起出来了。然而，妈妈还是说个没完没了，正在此时，志伟突然情绪爆发，冲着妈妈喊道："妈妈，你烦不烦，把公交卡给我，我自己坐公交车回家！"妈妈依然坚持让志伟爬到山顶，志伟索性坐在地上不起来，还招来很多人围观。

在这个事例中，原本一家三口去爬山是件开心的事情，但是妈妈抓住一切机会对志伟展开教育，而且丝毫不顾及教育的时机和方式。哪怕父母的叮咛和唠叨都是爱，也是让孩子无法接受的爱。遗憾的是，现实生活中有太多的父母，都试图以爱的名义捆绑和束缚孩子，非但没有对孩子起到积极的教育作用，反而导致孩子产生逆反心理，教育的效果也事与愿违。

父母教育孩子，一定要以尊重孩子为基础。父母不要觉得自己生养了孩子就理所当然对孩子享有支配和主宰的权利，实际上，孩子是独立的生命个体，有自己的思想意识，有自己的态度和观念，父母一定要尊重孩子，这样才能最大限度激发起孩子的生命力量，让孩子遵循生命的节奏去成长和发展。

从心理学的角度而言，对于大多数孩子而言，他们只需要父母的用心陪伴和真心倾听。随着渐渐长大，孩子的自主意识越来越强烈，他们必然更有主见，尤其是青春期孩子，他们的见识并不浅薄，甚至比父母知道得更多。有的时候，父母还没有明确说出什么，孩子就已经知道父母的意思，也就早早作好心理准备。因此，当孩子渐渐成长，父母一定要跟上孩子成长的脚步，并以符合孩子身心发展特点和规律的措施给孩子更加切实有效的引导和帮助。很多人喜欢看武侠小说，都知道很多武林高手的高招看起来就像没有招式一样。其实，真正高明的父母教育孩子，也会把教育的方式化为无形，做到润物细无声。

开放式提问可以激发孩子谈兴

很多父母都无法做到以正确的方式陪伴孩子，更不能做到全神贯注地倾听孩子。实际上，父母要想陪伴和倾听孩子，最重要的是要克服冲动，避免盲目地对孩子展开说教。很多父母都好为人师的，有强烈的欲望想要对孩子展开口头上的教育，误以为这样就可以彰显父母的高高在上的地位和权威。殊不知，真正的权威不是靠着强制和震慑孩子形成的，正如人们常说的，必须让人心服口服才算真正达到说服的效果，对于父母而言，也必须让孩子心甘情愿接受父母的观点，按照父母的建议去做，才算真正说服孩子。因此，在亲子沟通中，父母一定要掌握沟通的方式和技巧，以恰到好处的提问激发孩子的谈兴，让孩子主动对父母敞开心扉，这样才能促进亲子沟通顺利进行，才能保证亲子沟通的效果。

从沟通的角度而言，父母一定要避免对孩子进行说教，而应该采取开放式提问的方式，循序渐进地推进谈话。很多父母对于孩子的控制欲很强烈，总是希望孩子凡事都听从父母的安排。殊不知，对于渐渐长大的孩子，这一点根本无法实现。还有的父母羡慕别人家的孩子独立生活能力很强，却不知道别人家的孩子都是从小锻炼出来的。只有从小就对孩子放手，在沟通方面给予孩子更大的空间，在生活方面给予孩子更多的锻炼机会，孩子各个方面的能力才会越来越强。

当发现孩子对于沟通兴致索然的时候，父母不要抱怨孩子心事重，而应先反省自己，认识到如何才能激发孩子的谈兴。从谈话的细节方面来考虑，很多父母在亲子沟通中为了控制孩子，会刻意地以封闭式提问的方式询问孩子问题，这样一来，可以获取的信息量就非常少，也会招致孩子反感。假如父母能够改变思路，以开放式的提问与孩子进行沟通，那么就能使孩子的思维更加活跃。举个最简单的例子，与其问孩子午饭想吃面条还是米饭，不如问孩子午饭想吃什么，这样一来，孩子除了面条和米饭的选项之外，还可以选择吃凉皮、汉堡、披萨等。说不定，孩子给出的回答会大大超出父母的预料呢！要想实现这一点，父母就要坚持一个原则，即交谈是为了激发孩子的谈兴，让孩子敞开心扉，而不是为了抢占话语权，让孩子闭嘴。坚持正确的沟通原则和方法，是亲子沟通顺利推进的关键因素。

看到这里，相信有很多父母都会感到很为难，因为，已经习惯了封闭式提问或者以陈述句安排孩子生活的他们，根本不知道如何以开放式提问对待孩子。实际上，如果把沟通看作书面语言的交流，那么，就是要保证在与孩子沟通的过程中，尽量多以问号作为结尾，并且提问的问题越开放越好。例如，父母想了解孩子在一天中的表现，可以询问孩子："今天过得怎么样？"而不要询问孩子："今天的作业都写完了吗？有没有和同学吵架？"后者不仅禁锢了孩子的思维，而且会使孩子产生不悦。

养育孩子是漫长的过程，所以才有人说为人父母是需要毕生从事的一份伟大事业。父母不但要照顾好孩子吃喝拉撒等生理需求，还要照顾孩子的情绪情感和心理健康。具体而言，要想以开放式提问激发孩子的谈兴、活跃孩子的思维，也让孩子由此爱上与父母进行交流，父母就要留心以下几点。首先，要努力控制自己，不要在与孩子沟通的时候陷入情不自禁说教孩子的误区；其次，与孩子进行沟通的时候，尽量以问号作为结尾，但是，为了照顾孩子的情绪感受，不要以一连串的问号作为结尾，否则就会使孩子感到自己遭受了连珠炮，也会导致孩子无法回答父母的提问；再次，提问孩子的时候，要先从生动具体形象的话题开始说起，再过渡到抽象的、形而上的提问，这样有利于父母了解孩子的心理状态；最后，带有问号的句子很多，除非必要，要摒弃封闭式提问或者选择性提问，而要以开放性提问为主，这样才能最大限度激发孩子谈话的欲望，并有利于父母打开孩子的心扉，了解孩子真实的心理状态。

全心全意陪伴孩子，享受难得的亲子时光

若父母与孩子之间的交往陷入恶性循环，即越是彼此疏远，越是无话可说，越是无话可说，越是感情淡漠，就会渐渐地导致亲子关系越来越恶劣，无法从容地相处。实际上，父母在亲子关系中占据主导地位，如何与孩子更好地相处，对于父母而言这是一个难题，也是一个必须慎重对待和圆满解决的问题。很多父母常常陷入误区，他们认为，只要照顾好孩子的吃喝拉撒，满足孩子的身心发展需要，对孩子而言就已经尽到作为父母的责任和义务。其实不然。每个孩子的成长都要经历漫长的过程，而且必须在各个方面都达到一定的标准，这样才能最大限度激发孩子生命的潜能，帮助孩子健康快乐地成长。

遗憾的是，现实生活中，有很多父母因为忙于工作没有时间陪伴孩子，也有很多父母只是假装在陪伴孩子。何为假装在陪伴孩子呢？就是说父母们看似和孩子在一起，实际上却眼睛盯着手机，神游物外，根本没有与孩子心灵交融，更没有用心观察孩子的言行举止。这样的陪伴是毫无质量的陪伴，既不利于父母深入了解孩子，也不利于增进亲子感情，只会导致亲子之间感情淡漠，彼此越来越疏远。

对于因为忙于工作而没有时间陪伴孩子的父母而言，要理清楚工作与生活之间的关系，认识到工作就是工作，生活就是生活，工作是为了更好地生活，而工作无法取代生活。从这个角度而言，父母固然要工作养家，但是更要意识到孩子也是生活中不可或缺、至关重要的一部分，并要做到关注孩子，这样才能避免人生本末倒置。至于那些假装陪伴孩子的父母，完全处于人在心不在的状态，更加让人感到费解。归根结底，父母已经陪伴在孩子身边，就没有任何理由不关注孩子。工作再重要，一旦放下就要放下，业务再繁忙，也要以孩子的安全为第一位。如今，很多父母都是不折不扣的低头族，平日里忙于工作没时间陪伴孩子，好不容易可以放下工作陪伴孩子，又以各种理由盯着手机，绝不愿意放松分毫。不得不说，这样的父母是不合格的，也无法保证孩子的人身安全和身心健康。

很多父母都视抚养孩子为沉重的负担，而丝毫没有意识到养育孩子最重要的是什么——感受到养育孩子的快乐，在陪伴孩子的过程中和孩子一起成长。也有的父母把养育孩子形容为甜蜜的负担，却不知道养育孩子重在甜蜜，如果内心真的感到甜蜜，就不会再感受到这是负担。总而言之，对于养育孩子这件事，父母一定要摆正心态，不要总觉得孩子是负担，更不要觉得孩子是烦恼的源泉。父母唯有能够端正心态养育孩子，才能够做到快乐地养育孩子，才能把积极乐观的心态传递给孩子，从而帮助孩子更好地成长。

升入初中，凯威对于玩网络游戏更加入迷，爸爸很担心凯威会玩物丧志，因为玩游戏而丧失学习的积极性和动力。为此，爸爸一开始禁止凯威玩游戏，结果发现，凯威在家里不能玩游戏，就经常借口去同学家写作业、趁机玩游戏，偶尔放学早，还会溜入网吧玩一个小时游戏。对于凯威的表现，爸爸感到很不满意，因而对凯威说："凯威，游戏什么时候都可以玩，但是上学的黄金时间一旦过去，就一去不复返了。"凯威理智上知道爸爸说的是对的，但是行为上则无法很好地控制自己。有的时候，爸爸越是不让他玩游戏，他偏偏越发入迷地玩游戏。

思来想去，爸爸意识到对于凯威不能一味地强制，而应该采取疏导的态度，为此爸爸对凯威说："要不这样吧，只要你周一到周五认真学习，每到周末，就可以有两次两个小时玩游戏的时间，我还可以陪着你一起玩。"听到爸爸的话，凯威感到惊奇不已："真的吗？爸爸，你真的可以陪我玩吗？我们班级里大多数男生玩游戏都是偷偷摸摸地玩，要是你能陪着我玩游戏，他们不得羡慕死啊！"凯威的夸张让爸爸忍俊不禁，爸爸说："当然是真的，前提是你在周一到周五期间要表现很好。"凯威当即拍着胸脯保证，此后，果然他在工作日里专心致志地学习，只有到了周末才会和爸爸通痛痛快快地玩游戏。有的时候，凯威还拉着爸爸和同学们一起联网玩游戏，然后骄傲地向着同学们介绍"这是我的爸爸"，语气里满是自豪。渐渐地，爸爸与凯威的关系越来越好，凯威非但没有因为玩游戏耽误学习，反而因为玩过游戏之后可以做到专心致志地学习，使得学习成绩有很大的提升。

父母必须意识到一个事实，那就是随着渐渐成长，孩子的自我意识越来越强，他们根本不可能还像小时候一样凡事都听从父母的安排。要想减少亲子冲突，父母就要真正尊重和平等对待孩子，也要把对孩子的指引做得更加不露痕迹且容易为孩子所接受。很多父母都知道，对于孩子而言，最想要得到的就是父母的尊重和平等对待，因此，父母应在正确管教孩子的基础上，有意识地给予孩子尊重和平等对待。

此外，父母还要真心真意、全心全意地陪伴孩子，不把陪伴孩子当成是一种负担，也不把陪伴孩子当成是一种无法推卸的责任，而是从陪伴孩子的过程中了解孩子成长的点点滴滴，做到和孩子一起成长。细心的父母会发现，亲子沟通过程中之所以矛盾频繁发生，就是因为父母始终把孩子当成小孩子对待，凡事都不信任孩子，且常常盯着孩子，这种被人小看的感觉恰恰是孩子最反感的。父母要了解孩子的心理状态，洞察孩子的内心，才能有的放矢、恰到好处地对待孩子。为了避免伪陪伴，父母在与孩子相依相伴的时候，还要真正放下手机，忘记工作，做到“我的眼里只有你”。孩子的感觉是非常敏锐的，对于父母的态度，他们有很深刻的感受。所以，父母要认真慎重地对待孩子，要全心全意、毫无保留地对待孩子，而不要总是视孩子为负担，更不要总是视孩子为累赘。

此外，亲子时光是拉近亲子关系、增进亲子感情的关键时期。在父母的不耐烦之中，孩子已经渐渐长大，哪怕父母再想回到孩子小时候，与孩子耳鬓厮磨、毫无嫌隙，时光也是不可倒转的。作为父母，我们要珍惜宝贵的亲子时光，要在还能陪伴在孩子身边的时候给予孩子心无旁骛的陪伴和全心全意的爱。

言传身教，父母要当榜样

小时候，我们总是被父母和老师管教着，所以，许多人最大的心愿就是能够在长大成人之后可以为自己做主，成为独立的、自由自在的人。然而，在当了父母之后，我们才知道，即便成为父母，也不可能只管教孩子，而忽略对自己的高标准严要求。换个角度而言，父母要想给孩子树立榜样作用，把孩子管教好，就要认识到一个道理，即言传身教，父母自己必须首先做好，才能以身示范，给孩子树立积极的榜样作用，并在孩子面前拥有威信。换而言之，如果父母对于很多事情原本就没做好，如何还能管教孩子呢？也许孩子只要说一句“你不也是那样的么”，就会让父母哑口无言，在孩子面前气势全无。

有人说，父母是孩子的第一任老师，有人说，孩子是父母的镜子。的确如此，父母对孩子的影响力非常大，孩子又总是喜欢模仿父母，最终导致的结果就是，孩子渐渐长成了父母的样子。从某种意义而言，要说父母是孩子的模板也不为过。要想让孩子仿照父母的样子成人成才，父母首先要督促自己在各个方面都表现更好，这样才能最大限度激发孩子成长的力量，并让孩子始终受到积极向上的影响。

每天傍晚，妈妈在下班回家的路上买菜，回到家里就抓紧时间做饭吃饭，然后就安排朱朱在自己的房间里写作业，而爸爸妈妈则在洗漱之后轻松地坐在沙发上看电视。为此，朱朱几次三番对妈妈提意见：“妈妈，为什么你和爸爸可以这么舒服，下班回来还能看电视，我却要写学校里的作业，写完之后还要写课外作业呢？”妈妈说：“因为你是孩子，就要学习，我和爸爸，是大人。”显而易见，这个回答不能让朱朱满意，朱朱继续噘着小嘴说：“大人怎么了？小孩子上学还更累，更需要休息呢！”

妈妈无奈，对朱朱说：“朱朱，爸爸妈妈小时候也和你一样要认真辛苦地上学，只有学习好，长大了才能有好工作，才能生活得轻松。爸爸妈妈现在就很后悔，以前没有好好学习呢！”但是，不管妈妈怎么说，朱朱就是想不明白，坚持认为自己作为孩子更应该休息。后来，妈妈无意间和一个同样家有学龄儿童的同事聊天，说起朱朱因为爸爸妈妈看电视感到内心不平衡的事情，同事很惊讶地问妈妈：“你们家孩子上学，你们还看电视？”妈妈感到很困惑：“为什么孩子上学，我们就不能看电视呢？”同事说：“现在的孩子民主意识非常强烈，他们可不管父母小时候也要辛苦地学习，只想着父母必须对他们一视同仁，和他们享受同样的待遇。我们家里，自从孩子上学，电视就处于闲置状态，我都不知道电视现在还能否打开呢！”听完同事的话，妈妈无奈地叹了口气。

在这个事例中，妈妈原本想和朱朱讲道理，告诉朱朱，爸爸妈妈小时候也很辛苦地学习，长大之后才有工作，才能挣钱养家，而孩子理应以学习为主，不能随随便便看电视。显而易见，朱朱对于妈妈的解释丝毫没有听进去，依然觉得愤愤不平，感觉受到了不公正的对待。直到与同事交谈，妈妈才知道这样的心态并非朱朱独有，而是很多学龄孩子都有的。作为父母，他们只能忍痛割爱，舍弃电视，一则为孩子创造良好的学习环境，二则也为孩子找回心理平衡。

作为父母，不管要求孩子做什么事情，我们都要先做到，这样才能对孩子起到积极的影响作用。若父母一味地要求孩子，而对自己丝毫没有要求，只许州官放火，不许百姓点灯，则必然导致孩子产生困惑和心理失衡，也会使得孩子的自我约束力越来越差。从家庭的角度而言，整个家庭就像是一个小团队，唯有每个团队成员都为了维护团队的秩序而付出努力，才能最大限度激发团队的力量，让团队成员都有好的表现。而作为团队中最小的个体——孩子，其自控力差，自我约束能力也很弱，所以更需要父母发挥积极的作用，给予孩子正向的影响。

对孩子要一诺千金，才能树立威信

很多父母在与孩子沟通的时候，总是犯“随口一说”的错误。尤其是那些容易冲动的父母，更是在冲动的时候对孩子作出各种承诺，而等待心情恢复平静，又马上把曾经的承诺全都抛到爪哇国去，或者哪怕还记得曾经的承诺，也会因为兑现承诺的成本太高而根本不愿意兑现承诺。这些父母误以为对孩子的威信是靠着大声呵斥、表情严肃就能树立的，所以丝毫不愿意对孩子兑现承诺。殊不知，父母要想树立威信，就必须一诺千金，在现实生活中记得对孩子曾经说过的话，并能够主动去实现，这样才能真正树立威信。

还有些父母认为孩子还小，不懂事，而且不知道什么是承诺，所以就随意地把对孩子说过的话抛之脑后，根本不记在心上。实际上，孩子的记忆力非常好，也因为他们在生活中与父母接触最多，也较少承诺，所以他们会把父母无意间作出的承诺牢牢地记在心里。因而父母对待孩子一定要谨言慎行，千万不要随意地就对孩子作出承诺，而一旦对孩子作出承诺，就要拼尽全力去实现，而不要把所有的承诺都抛之脑后，否则很容易给孩子留下恶劣的印象。

暑假到来，有一个周末爸爸在家里休息，听到乐乐说起关于上海迪士尼的事情，因而冲动地对乐乐说：“等到下个周末，爸爸就带你去迪士尼，还带你去上海电视塔看看，好不好？”乐乐当然愿意。但是他也知道爸爸工作很忙，因而有些难以置信地问：“你说的是真的还是假的，别到时候你又要加班，上海之行就只能泡汤了！”爸爸当即保证：“放心吧，这次谁让我加班我也不加班，我一定会兑现承诺。”

转眼之间，一周的时间过去，到了周五，爸爸突然通知乐乐："乐乐，爸爸明天有个非常重要的会议要参加，我们的上海之行需要推迟。"乐乐听说原本板上钉钉的上海之行要泡汤，当然不乐意，因为一旦推迟就会无限期延迟下去，甚至遥遥无期。为此，乐乐哭起来。爸爸很心烦，责怪乐乐："你这个孩子懂不懂事啊，爸爸这是要工作，挣钱养活你，又不是无缘无故就要推迟上海之行的！况且，只是推迟，也不是不去，你为何有这么强烈的反应呢？"乐乐一边哭，一边说爸爸是个大骗子，爸爸也觉得很委屈，甚至被哭得不耐烦时，恨不得狠狠地打乐乐几巴掌呢！

在这个事例中，乐乐之所以说爸爸是大骗子，是因为爸爸在对乐乐作出承诺的时候保证不会发生意外情况，也不会取消行程，但是时间才过去几天，爸爸就身不由己，要参加单位里组织的重要会议。爸爸自然很清楚会议比去迪士尼更重要，而对于乐乐而言，却很难理解爸爸为何要出尔反尔，又为何会在短短的时间里就忘记自己的承诺。实际上，爸爸并没有忘记承诺，而是因为他发自内心地认为对乐乐的承诺无关紧要，晚几天去迪士尼也没关系，所以才会忙于工作。如果爸爸认识到陪伴乐乐、兑现对乐乐的承诺比一切事情都更重要，他就不会无所顾忌地推迟上海之行，也不会在乐乐面前表现出不以为然的样子。

父母之所以对孩子食言，一则是因为轻视孩子，二则是因为不需要对孩子兑现承诺。每个父母都想在孩子面前树立威信，都想得到孩子的认可和崇拜，然而，崇拜不是凭空降生的，而是需要父母在各个方面都做到更好、给孩子信心和勇气，才能最终拥有的。由此可见，作为父母，当发现孩子不崇拜更不信任父母的时候，我们不要急于从孩子身上寻找原因，而要认识到孩子的成长离不开父母的精心引导和教育，作为父母，我们是否已经做到对孩子该做的一切，又是否已经成功地打动孩子的心，在孩子心目中成为权威人士了呢？如果没有，那么就要从自身出发考虑问题、解决问题，而不要一味地抱怨孩子，更不要盲目地把所有希望都寄托在孩子身上。每个孩子既不是生而愚钝，也不是生而乖巧，很多时候，孩子成长为什么样子，与父母有着密不可分的联系。

第10章

孩子也有自尊心，任何沟通都要以尊重为前提

在亲子相处中，很多父母都会陷入一个误区，即觉得孩子是父母生养的，所以父母会想当然地觉得自己对于孩子有操控的权利。很多父母在孩子小时候无微不至地照顾孩子，而随着孩子渐渐长大，他们依然把孩子看小，恨不得时时处处都要安排孩子的生活、影响孩子的心理与决策。实际上，再小的孩子也有自我意识，而随着年龄的增长，他们的自尊心也会越来越强。因此，父母与孩子相处，一定要以尊重为前提，本着平等对待孩子的原则，这样才能与孩子相处好，建立和谐融洽的亲子关系。

尊重孩子，不要只盯着成绩

在孩子小时候，父母对于孩子最大的愿望，就是希望孩子能够健康平安快乐。而随着孩子渐渐长大，父母对于孩子的要求越来越高，对于孩子的期望也越来越大。尤其是在生存压力越来越大、职场竞争日益激烈的今天，很多父母无形中把生存的压力转嫁到孩子身上，几乎每个父母都望子成龙、望女成凤，也要求孩子必须赢在起跑线上，乃至一味地盯着孩子的成绩看，期望孩子在学习方面能够出类拔萃、获得成就。正是在这种心态的影响下，父母对于孩子要求很高，也常常因为学习而与孩子爆发出激烈的冲突。要想避免这种情况的出现，父母就要摆正心态，不要总是盯着孩子的成绩看，而应考虑到孩子的全面发展和成长，从而有效地引导和帮助孩子，也保证孩子获得全面发展和快速成长。

父母盯着孩子的成绩去衡量孩子，就像孩子在评价父母的时候以父母能够挣多少钱、为孩子提供什么样的物质条件为标准。试想，作为父母，我们得到孩子如此的评价时，该是什么心情？很多人都把将心比心挂在嘴边，却很少以这样的心态去体贴他人。孩子的成长是漫长的过程，父母更应该意识到在人的一生中最重要的是什么。其实，对于漫长的人生而言，优秀稳定的品质，才是最重要的，而不是所谓的成绩。如果说优秀稳定的品质是一棵大树的根基，那么成绩则是大树的枝叶。如果没有稳定的根基，只有繁茂的树叶，那么大树就无法获得长久的发展。只有根基稳定，大树才能不断地成长，才能成为参天大树。

很多父母都知道尊重孩子的重要性，但是那仅仅限于观念上和理智上。思想从无到有需要一个过程，从思想到行为更是需要漫长的过程。作为父母，我们一定要对孩子的成长有耐心，也要在了解孩子的基础上理解孩子，给予孩子更多的尊重和体谅。曾经有心理学家经过研究发现，如果父母只关注孩子的学习，而忽略孩子成长过程中更多方面的因素，则无形中就会给予孩子过大的压力，也会导致孩子在人生道路上走许多弯路。其实，当被问及学习的目的是什么，即便父母也只能回答出好好学习、考上好大学、将来找份好工作、有份好生活这样的理由。父母的认识尚且如此，更何况是孩子呢？所以，要想引导孩子对于学习有正确的认知，父母就不能本末倒置，而是要让孩子先认识到人生的目的所在，从而循序渐进地引导孩子对于学习有正确的认知。否则，如果孩子对学习认知不够深刻，也不能怀着积极向上的感情，那么，他们对于学习的态度很容易走上歧途，陷入各种思想上的误区。

很多父母对于学习的认知都过于狭隘，认为所谓学习就是掌握文化知识，殊不知，文化知识只是孩子学习最基本的一个方面，对于孩子们而言，先学会做人，具备人生的品质，掌握必备的生活技能，是比学习更为重要的。古人云，授人以鱼不如授人以渔，对于孩子们而言，只有先立根扎实，才能在残酷的生活中站稳脚跟，才能取得长足的发展和进步。

现代社会，经济的快速发展导致人心浮躁，很多父母对于孩子学习的态度，其实包含了功利心理。越是功利心理强的父母，越是对于学习成绩非常关注，反而忽略了孩子自身的成长和进步的脚步。然而，如果没有优秀的品质，则孩子就面临成长乏力的状态。所以，父母要想激励孩子不断地进取，坚持进步，就要激发孩子的内部驱动力，让孩子拥有来自于心底的力量和发自内心的自我约束与驱动力。

每个人都是社会的成员，都要在不断成长的过程中学会与身边形形色色的人交往，建立和谐融洽的关系。仅从学术角度而言，一个只有理论知识的人也无法肩负起重任，所以现代社会才提倡素质教育的理念。作为父母，我们要站得更高，看得更远，从而从综合全面的角度引导与激励孩子，给予孩子更大的成长空间，让孩子的未来变得充实而又璀璨。

让孩子拥有属于自己的人生

有人说，父母的溺爱是对孩子最大的害。实际上，父母对孩子最大的害，是代替孩子作出一切决策，导致孩子在成长的过程中从未有任何机会进步，既不会犯错，更不会成功，而始终处于停滞不前的状态。父母眼看着孩子变得越来越强壮，但是实际上，孩子的心智发育远远跟不上身体发育的速度，导致他们的内心相比起身体的成长相对滞后、发展缓慢。作为父母，我们不妨试想一下：对于孩子而言，有一个早熟的身体和晚熟的心理，到底是好事还是坏事呢？

生命的自然发展规律告诉我们，父母即使再爱孩子，也不可能始终陪伴在孩子身边，更不可能代替孩子度过漫长的一生。唯有激励孩子不断成长和进步，甚至故意放手让孩子独自去闯荡拼搏，孩子才有机会感受失败的滋味，才能在踩着失败作为阶梯前进的过程中砥砺前行。相比之下，被父母小心翼翼保护着的孩子，就像温室里的花朵，没有任何的抵抗能力，在父母老去之后，他们仍免不了要独自面对这个世界，这对于孩子而言才是最残酷的。明智的父母不会一味地庇护孩子，而是会随着孩子的成长，逐渐地让孩子发展自身的能力，学会适应这个世界。任何情况下，都不要让孩子变成套中人，因为没有父母可以庇护孩子一辈子。从成长的角度而言，孩子需要拥有属于自己的人生，因为他们是自己命运的主宰，必须要按照自己的意愿充实地度过一生。

父母即使生养了孩子，也没有权利代替孩子作很多决断，更没有权利帮助孩子过属于孩子的人生。很多父母会情不自禁地把自己没有完成的心愿寄托在孩子身上，殊不知，孩子不是父母的附属品，更不是父母的私有物，父母即使为孩子付出很多，也没有权利代替孩子作一切决定和选择。父母一定要学会对孩子放手，即使孩子最初的时候做得不够好，也要尊重和理解孩子，更要给孩子机会反复练习，点滴进步。

从小到大，玉姣都被妈妈无微不至地照顾和保护着，在古代社会，人们常说很多大户人家的小姐十指不沾阳春水，实际上，玉姣长到十几岁，也从来没有沾过阳春水。最重要的是，随着渐渐长大，玉姣并不想过这样的大小姐生活，她很想让自己变得越来越强大，却苦于没有机会锻炼和增强自己的能力。

有一天，已经读初三的玉姣回到家里和妈妈商量一件事情：“妈妈，我可以参加学校里组织的夏令营活动吗？”妈妈当即表示强烈反对：“那怎么可以呢！夏令营都是要在外面过夜的，妈妈坚决不允许你在外面过夜，对于女孩而言，这太危险了。”玉姣噘起嘴巴，很不满意：“但是妈妈，班级里有很多女生都报名了，我们都在一起，不会有危险的。”不管玉姣怎么说，妈妈就是不同意，无奈之下，玉姣只好采取极端手段。中考过后，玉姣趁着爸爸妈妈不在家，收拾参加夏令营的东西，将其提前放到要好的闺密家里。等到了出发的日子，玉姣告诉妈妈：“妈妈，我要和同学一起去看电影。”就这样，玉姣去闺密家里拿了行李，就直奔夏令营，终于赶在夏令营发车之前半个小时坐上大巴车。晚上，妈妈左等玉姣不回家、右等玉姣不回家，这才在玉姣书桌上发现了一封信。信的内容很简单：妈妈，我去参加夏令营了，一周就回来。

妈妈赶紧打玉姣的电话，传来手机已经关机的提示音。后来，妈妈给老师打电话，这才知道玉姣已经上了夏令营的大巴车。妈妈带着哭腔对老师说：“这可怎么办啊，这孩子从小没吃过苦。”老师笑着安慰玉姣妈妈：“玉姣妈妈，孩子吃点苦没关系的，而且是很多孩子一起去，他们相互鼓励，一定能战胜困难。孩子马上要上高中了，学习上的苦日子在后面呢，磨炼磨炼意志力也好。”就这样，妈妈哭哭啼啼、担心不已地度过了七天的时间。七天之后，玉姣回到家里，妈妈发现玉姣晒黑了，瘦了一些，但是显得更加活泼健康了。

在这个事例中，妈妈不愿意让玉姣为自己的行为作出决定，为此总是对玉姣要参加夏令营的行为横加阻拦。实际上，老师说得很对，孩子总要长大，不可能在父母的保护和照顾下生活一辈子。现实是残酷的，孩子总要学会循序渐进地接受，如果没有作好准备，而猝然面对生活，孩子一定会感到更加无法应对。所以明智的父母会采取各种方式培养孩子独立生存的能力，也会抓住各种机会帮助孩子锻炼能力。唯有作好充分的准备，孩子在成长的道路上才会更加进步，并有所准备地打好人生这场仗。

如果父母总是保护孩子，孩子就不可能长大，他们的各项能力都处于停滞之中，无法获得卓有成效的发展。相反，如果父母坚持给予孩子机会去增强能力，不断进取，孩子也许一开始做得并不好，渐渐地，随着年纪增长，他们不断成长，就能够在生命的历程中变得强大起来，最终成为真正强大的、独当一面的人生强者。总而言之，生命从来不是可以逆转的过程，唯有更加全力以赴地奔向生命最终的目标，才能迸发出所有的力量，在生命的璀璨之中绽放。此外，心理学家经过研究发现，每个人都有强大的潜能和力量，当把这种力量激发出来，生命就会变得坚强如钢。所以，父母一定要有的放矢地引导和激励孩子，让孩子迸发出生命的强大能量。

改变方式，把父母的观点转化成孩子的想法

在亲子沟通中，孩子为何不愿意接受父母的各种安排，甚至对于父母的观点也采取反对的态度呢？对此，很多父母都百思不得其解——自己明明是为了孩子好，为何孩子就是不领情？有些执拗的孩子，还会故意和父母对着干。其实，不是孩子不领父母的情，而是孩子不愿意接受别人的安排。看到这里，也许有的父母不乐意：“什么叫别人啊？父母怎么就是别人了？”不得不说，这么想的父母完全被孩子的成长甩下

了，孩子已经成为独立的生命个体，有了很强的自我意识，父母的意识却还停留在孩子尚且处于襁褓之中的阶段，还误认为孩子处于刚出生时的无我状态呢！醒醒吧，父母们，随着不断成长，在孩子的心目中，你们即使是与之亲密无间的父母，也已经成为孩子的别人了。没错，父母就是别人，因为他们不是孩子本身，所以他们对于孩子而言就是不折不扣的别人。

作为父母，你们愿意接受别人的安排和指令，按照别人的意愿度过一生吗？当然不愿意。古人云，己所不欲，勿施于人，作为父母，我们在对待孩子的时候，同样要坚持这个原则，不要总是把自己的意见和态度强加于孩子。因为对于孩子而言，父母就是不折不扣的别人。弄清楚这个状态，父母才能摆正自己的位置，才能把握好力度，恰到好处地对待孩子，而不会模糊了亲子之间的界限，以致不知不觉间就想取代孩子作各种决定，完成各种事情。父母要意识到，不是孩子疏离父母，而是成长割裂了亲子之间的精神纽带，让孩子成为独立的精神个体。父母也要保持进步的姿态，与孩子的成长保持齐头并进，这样才能摆正位置，在给孩子提出意见和建议的时候，始终坚持适度的原则，而不至于与孩子失去应有的距离。所谓距离产生美，这是亘古不变的真理，也同样适用于父母与孩子之间。

人与人相处，难免会有意见不统一的时候。在这种情况下，父母与其一味地强迫孩子接受父母的意见，不如尊重孩子，给予孩子自主选择的自由；或者，即便想要说服孩子，也要讲究方式方法，毕竟孩子越来越大，父母只靠着强迫孩子，是根本不可能使孩子心服口服的。对于这一点，父母要有清醒的认知，也要摆正心态、端正态度，以足够的耐心引导孩子。懂得沟通的人都知道，同样的话，假如换不同的方式说出来，就会收到不同的效果。所以，父母在进行亲子沟通的时候除了直截了当、开门见山之外，也可以采取迂回曲折的方法，在不知不觉间把父母的意见和观点转化为孩子的选择，这样一来，孩子还会抵触父母的选择吗？

从理性的角度而言，很多父母都知道要尊重孩子的意愿，不要勉强孩子。实际上，真正能够做到的父母寥寥无几。举个最简单的例子，父母若发现孩子写作业的时候非常贪玩、总是磨蹭时间，则难免会大发雷霆，强制要求孩子必须在多长的时间内完成规定的作业。这么做的效果是立竿见影的，要么是爆发激烈的亲子冲突，要么是孩子委屈地按照父母说的去做，甚至因此对父母心生反感。有没有一种更好的方式，可以既维持良好的亲子关系，又让孩子心甘情愿地听从父母的安排呢？当然有，这就需要父母想出一定的沟通技巧来说服孩子，从而让孩子心服口服。

在现实生活中，沟通是人与人之间重要的桥梁，也是心与心疏通的渠道。如果总是直截了当地与他人沟通，只会导致事情的结果难以预料，也使得原本还能说得过去的人际关系变得紧张恶劣。如果可以委婉表达，则可以避其锋芒，从而迂回曲折地达到目的。现实生活中，很多父母都需要经常说服孩子，从而让亲子沟通顺畅进行，其实，只要掌握沟通技巧，这个目的很容易就可以达到。当然，这一切的前提是作为亲子沟通主导者的父母必须很了解孩子的脾气秉性，且可以把每句话都成功地说到孩子的心里去，打动孩子的心。

周末即将到来，原本妈妈许诺斯科去动物园玩，但是没想到姥爷突然生病住进医院，妈妈必须去探望姥爷。妈妈很担心临时取消动物园的出游计划会导致斯科强烈地反对，因而思来想去，决定改变一种方式与斯科沟通。

回到家里，妈妈对斯科说："斯科，二十年后，等到你长大了，组建了自己的家庭，有了自己的孩子，你还会这么爱爸爸妈妈吗？"斯科点点头，说："当然，我对爸爸妈妈的爱永远不会改变。"妈妈问："那么，如果你的孩子想出去玩，我或者爸爸生病了住在医院里，需要人照顾，你会怎么做呢？"斯科想了想，说："孩子出去玩还可以有很多机会，而且并不是特别着急的事情，但是生病严重会危及生命，而且在医院里没有人照顾很可怜。我会好好向孩子解释，然后去医院里照顾你和爸爸。"对于斯科的回答，妈妈真心地竖起大拇指，给斯科点赞。斯科似乎觉察到什么，问妈妈："妈妈，你为什么问我这个问题呢？"妈妈说："斯科，姥爷生病正在住院，我又早就答应你要去动物园，所以我想知道你会怎么做。"斯科毫不迟疑地对妈妈说："妈妈，你当然是要去医院里照顾姥爷啦！放心吧，我没关系的，我可以等姥爷病好了再去动物园。"就这样，斯科和妈妈一起去医院里照顾姥爷，妈妈由衷地感到欣慰。

在这个事例中，如果妈妈直接告诉斯科因为姥爷生病要取消去动物园的行程，斯科一定会感到生气。聪明的妈妈选择迂回曲折的方式说服斯科，假设同样的情境让斯科作出选择，结果斯科的答案让妈妈非常满意。在回答妈妈问题的过程中，斯科就相当于作出了选择，所以，对于同样的结果，换成是自己的决定，他丝毫没有抵触和抗拒，而是非常配合妈妈。

在说服孩子的过程中，父母不妨改变方式去表达，从而把孩子有可能抵触的想法和决策换成是孩子自己的，这样一来，孩子当然不会和自己较劲。实际上，在人际沟通中，需要说服的情况时有发生，父母先不要急于对孩子提出过高的要求，而是要尊重孩子的意愿，让孩子亲口说出父母想要的回答，这样，原本有可能引起亲子关系紧张和恶化的情况就会大大缓解，甚至完全消除。

尊重孩子的隐私，呵护孩子的自尊心

说起孩子的隐私，很多父母甚至觉得好笑，因为在他们的错误观念中，认为孩子是没有隐私的。很多父母更是肆无忌惮地说："孩子就是我生出来的，我一把屎一把尿把他养大的，哪里有什么隐私呢？"不得不说，这样的教育观念大大地落伍了。孩子虽然是父母生养的，但是对于孩子而言，他们并不是父母的附属品，也不是父母的私有物，而是独立的生命个体，有自己的思想和灵魂，也有自己不想为人知道的小秘密。细心的父母会发现，孩子到了两三岁，他们的自我意识就会不断增强，对于父母也再不言听计从。他们只想坚持自己的想法，做自己想做的事情，甚至，在漫长的成长过程中，他们的重要任务之一就是与父母对抗，坚持自己的人生原则。

遗憾的是，现实生活中偏偏有很多父母不愿意尊重孩子的隐私，甚至坚持认为孩子没有隐私，或者不应该有隐私。对于这样的父母，孩子越长大就会越觉得无奈。现代社会，还有极少数孩子小小年纪就遭遇性侵或者性骚扰，自己却懵懂无知，不得不说，这与父母对孩子疏于启发和管教有很大关系。父母要想保护好孩子，寸步不离地看护孩子几乎不可能，尤其是大一些的孩子，他们总是在父母看不到的地方和同龄人相处，也想拥有自己的独立空间，父母唯有教会他们保护好隐私部位，才能令他们避免受到侵犯。与此同时，在孩子小时候，父母就要主动保护孩子，也要尊重孩子的隐私。否则，孩子从小就没有隐私的概念，又如何能做到积极主动地保护自己呢？

除了身体隐私之外，孩子不断长大，秘密也越来越多。例如，他们做了一件丢人的事情，就连爸爸妈妈也不想告诉；他们在同学们面前出了丑，只想赶紧平息风波；甚至有些孩子到了七八岁或者十岁左右仍会尿床……对此，父母一定要尊重孩子，尤其是不要把孩子不想为人知道的事情拿出来四处宣扬。否则，就会伤害孩子的自尊，破坏孩子的自爱心理，甚至导致孩子破罐子破摔。孩子的自尊心是很脆弱的，就像是一件珍贵的瓷器，一不小心就会支离破碎。父母真正为孩子好，希望孩子健康成长，就要小心翼翼地保护孩子的自尊，不管在什么场合，都不要肆无忌惮地说起孩子的隐私，或者拿孩子的隐私开玩笑。

吉米已经十岁了，但还经常尿床。实际上，吉米尿床的毛病和爸爸有关系。记得在五六岁的一天晚上，吉米因为吃多了西瓜，所以半夜里被尿憋醒，忍不住尿在了床上。正当吉米尿到一半的时候，爸爸醒来，抬手就给了吉米一巴掌。原本吉米尿床的行为只是偶尔，也基本都是事出有因，但是被爸爸这一个巴掌打下来，吉米从此之后就频繁尿床。

爸爸妈妈因为吉米尿床的事情很烦恼，也总是带着吉米四处求医，但是都不见好。有一次，爸爸妈妈带着吉米坐公交车的时候，听到相邻的两个人说有个神医能治好尿床，爸爸妈妈彼此对视之后，当即询

问：“请问，这个神医在哪里？”两个人中的一个人听到询问，马上热情地问：“你家也有人尿床吗？”这个时候，爸爸突然指着吉米说：“喏，就是这个家伙，自从五六岁开始就尿床，去了很多地方也没有治疗好。”已经十岁的杰米长得和妈妈一般高，听到爸爸这么肆无忌惮地在公众场合暴露他的隐私，他当即就哭起来，还和爸爸大吵一架。爸爸也很委屈：“我四处打听不也是为了你好吗？我不是想给你找到治病的方法吗？”吉米冲动地喊道：“我宁愿去死，也不想让你在公众场合暴露我的隐私，这是我的隐私，你知道吗？”爸爸还想辩解，妈妈指责爸爸：“你的确做得很过分，你完全可以说是帮一个亲戚问的，为何非要在车厢里指出是吉米呢？况且，孩子落下这个毛病，难道和你没有关系吗？”爸爸被妈妈说得哑口无言，不知道如何应对。

在这个事例中，爸爸的做法无疑是错的。吉米已经十岁，是个大小伙子，爸爸不管出于什么原因，都不该当众说出吉米尿床的事情。爸爸的行为严重伤害了吉米的自尊心，若不及时改正，将导致吉米在成长过程中受到更多的伤害。

孩子的心思，父母可以不了解，但是必须尊重。只要孩子没有做违法乱纪的坏事情，父母就应该尊重孩子，保护孩子脆弱的自尊。此外，随着渐渐成长，还有很多孩子都希望拥有自己的独立空间，有些父母为了全方位无死角地监护孩子，往往会偷窥孩子，或者企图监控孩子。殊不知，随着孩子越长越大，这是根本不可能做到的。即使父母找出各种理由想要了解孩子，也必须坚持尊重孩子的原则，绝不能随随便便就窥探孩子。一个人，唯有成为独立的生命个体，才能成为强大的、拥有生命力量的强者。

宽容，让孩子自主反思错误

现实生活中，很多父母都想孩子能够少犯错误，更多地听从父母的建议或者意见，表现得更加完美。为了达到这样的目的，父母常常对孩子颐指气使、居高临下，甚至强迫孩子必须按照父母所说的去做。殊不知，哪里有压迫，哪里就有反抗，若父母过分压迫孩子，孩子就会在重压之下产生反抗的力量，故意与父母对着干。出现这种情况的根本原因不在孩子身上，而在父母身上。父母要有的放矢地帮助孩子，首先要尊重和理解孩子，其次要以宽容对待孩子。当父母对待孩子宽容，孩子并不会放纵，反而会主动反思自己，由此产生成长的内部驱动力，并获得持续成长的力量。

伟大的成功学大师卡耐基就是一个懂得宽容力量的人。有一天，卡耐基傍晚时分回到办公室，告诉秘书莫莉："请帮我准备下明天的演讲稿，这是题目。"说完，卡耐基就再次夹起公文包急急忙忙地离开了办公室。

次日，卡耐基从容地走上演讲台，开始按照莫莉为他准备的演讲稿发表演讲。然而，他才说了一句话，台下的听众们就发出哄笑声。卡耐基定睛一看，原来莫莉为他准备的是如何提高奶牛产奶量的题目，而他原定的演讲题目是如何获得成功。卡耐基觉得很尴尬，当即放下演讲稿，说："当然，提升奶牛的产奶量也是一种成功，不过我更希望从其他角度来和大家共同探讨成功的问题……"就这样，卡耐基凭着聪明机智和超强的临场发挥能力，把原定的演讲题目讲得非常精彩。对于卡耐基的表现，听众们一致给予了极高的评价。

演讲结束后，卡耐基回到办公室，莫莉问：“卡耐基先生，今天的演讲一定很成功吧！”卡耐基笑着回答：“听众们笑声如雷。”莫莉说：“那都是因为您演讲得好啊！”卡耐基说：“其实不是因为我演讲得好，而是因为我给他们说起了提升奶牛产奶量的问题。”说着，卡耐基把莫莉准备的演讲资料递过去，看了资料，莫莉不由羞愧得满面通红，她当即向卡耐基保证：“卡耐基先生，真的很对不起，我昨天着急下班，把资料弄错了。”卡耐基说：“没关系，这次我正好验证了自己的即兴演讲能力。不过，我再也不想有这样即兴演讲的机会了。”莫莉连声保证：“绝对不会了，卡耐基先生，请您一定放心。”后来，莫莉对待工作非常认真，再也没有犯错。

换作一个不懂得宽容的人，对于莫莉在工作上出现这样低级的错误，一定会对莫莉大声训斥和指责。幸好，卡耐基没有这么做，而是以宽容的态度让莫莉进行深刻的自我反省，为此，莫莉才能在后续的工作中表现良好，没有再犯任何错误。

当孩子犯错的时候，父母也要控制好自身的情绪，这样才能避免过度训斥孩子、给孩子带来不好的情绪体验。有的时候，宽容比严厉的批评更有力量，父母一定要宽容孩子，这样才能让孩子主动进行自我反省，并让孩子在成长的过程中取得更大的进步。

第 11 章

一语天堂一语地狱，孩子真的很需要父母的鼓励

很多父母对于别人家的孩子非常满意，而对于自己家的孩子却总是百般挑剔和苛责，尤其是发现自己家的孩子不如别人家的孩子乖巧懂事时，他们还会感到懊丧。实际上，父母是无法选择孩子的，就像孩子无法选择父母一样，亲子之间唯有相互接受与欣赏，才能建立良好的关系，才有助于彼此相互促进、共同成长。

妈妈爱说“谢谢”，孩子更有力量

随着孩子渐渐成长，父母对于孩子的要求和欲望也越来越多。细心的父母会发现，虽然在孩子小时候父母为孩子付出很多，但是随着不断地成长，孩子并没有想要力所能及地为家里做更多的事情。有的时候，哪怕父母安排孩子做一些事情，孩子也会心不甘情不愿，怨声连连，有着极大的不满。这是为什么呢？究其原因，是因为孩子缺乏主动做事情的欲望和力量。那么，如何激发孩子多做事情的欲望和力量呢？根本在于，父母要多多鼓励和感谢孩子。

很多父母虽然希望孩子主动做得更多，却总是吝于对孩子表示感谢。有的时候，孩子做了一些事情，非常努力地好好表现，也主动提醒父母要给他们一些感谢，父母却不以为然地说：“这么多年，都是父母辛苦养着你，你现在好不容易能为家里做一些事情，就想得到感谢啦？那么我问问你，你应该给父母多少感谢和回报呢？”这样的一席话说出来，不能说是全无道理，但是它会如同一盆凉水浇到孩子的头上，甚至导致孩子透心凉。对于孩子而言，他们原本力量很小，无法为家庭里做更多的事情，因此，当终于可以力所能及地完成一些事情的时候，他们是非常高兴的，所以沾沾自喜地想在父母面前表现一番，或者得到父母的认可与赞赏，这完全是人之常情。作为父母，如果想激励孩子有更好

的表现，我们一定不要总是否定和批评孩子，更不要在孩子有小小进步和成绩的时候吝于给予孩子奖励。

正如人们常说的，好孩子都是夸出来的，父母要明白这个道理，更要真诚地夸赞孩子，这样才能最大限度激发孩子的力量，让孩子主动自发地变得更好。退一步而言，哪怕父母知道孩子还有很多缺点，在发现孩子有所进步的时候，也要继续激励孩子，让孩子步步登高。很多父母抱怨孩子不知道父母的爱有多么深沉，实际上，作为父母，他们同样更不知道一句感谢对于孩子有多么重要。要想让孩子变得勤快，在孩子力所能及为家里做出小事的时候，父母就要真诚地感谢孩子。感谢之后，父母会惊奇地发现孩子变得更加勤快，并主动去做原本不愿意做的事情。

有一天，妈妈带着小可去超市里买东西，因为要买一周的蔬菜水果和肉类，所以整整装满了三个袋子。走出超市的时候，妈妈提起三个袋子，不免走得很慢，而小可却优哉游哉地跟在妈妈身边，丝毫没有想到妈妈需要帮助。

这个时候，妈妈对小可说：“小可，你可以帮忙拎着一个袋子吗？三个袋子实在太重了。”小可帮妈妈提起一个袋子，才走了没几步，就说：“妈妈，这个袋子怎么这么沉呢！”妈妈说：“是啊，袋子很沉，因为这是一周的食物啊！如果妈妈不提前买好，平日里要上班，回家就没有食材给你们做饭。”小可想了想，问妈妈：“妈妈，那么你每周都要买这么多东西？”妈妈点点头，说：“差不多吧，每周的袋子都很沉。”小可说：“妈妈，下周我还和你一起来超市采购吧，不然你一个人太累了。”妈妈高兴地感谢小可：“那可太好了，小可，你长大了，可以帮妈妈做事情，妈妈感到很幸福。”小可不好意思地挠挠头：“妈妈，我也没有那么好，我以后会尽量多做事情的。”妈妈又是一番感谢。

后来，小可经常帮助妈妈做一些力所能及的事情，每次得到妈妈的感谢，他都觉得这一声“谢谢”是妈妈对他最大的认可和激励。

在这个事例中，如果妈妈不愿意对小可说感谢，反而理直气壮地要求小可帮助他干活，那么事情的发展也许就会截然不同。小可在做过这次事情之后，也许还会逃避下次做事情呢！无疑，这对于家庭教育而言是非常糟糕的，也不利于小可的身心健康成长。

很多父母都羡慕别人家的孩子总是力所能及地帮助父母做事情，却没有想到别人家的父母在孩子小时候就会向孩子求助，也会在得到孩子的帮助之后真诚地感谢。很多情况下，人际关系的发展会沿着既定的惯性，而父母一开始为孩子制订怎样的相处基调，就会在之后与孩子沿袭怎样的模式相处。所以，大多数孩子的彬彬有礼，都是从父母那里承袭来的宝贵传统和优良习惯，正因为如此，人们才说通过一个孩子就可以知道他的父母是怎样的人。

鼓励，是给孩子最好的礼物

如果孩子能够主动把很多事情都做好，父母简直睡着都要笑醒了，尤其是那些整日与孩子斗智斗勇、抱怨孩子懒惰的父母，看到孩子勤快得异乎寻常，简直要怀疑孩子被掉包了吧！很多父母总是想不明白，为

何孩子宁愿被骂着才做事情，也不愿意主动积极地去做事情呢？就像人们常说的，既然哭着也是一天，笑着也是一天，为何不笑着度过人生的每一天呢？的确，理性的、有自律力的成年人，一定会选择笑着度过每一天；而感性的、缺乏自律力的孩子，却很有可能选择尽量拖延，乃至把该做的事情拖延到非做不可的时候再做，不得不说，这可真是活在当下的极致版本。

就算是制订规矩，孩子也未必能主动完成约定的事项，而父母却认为孩子理所应当去做分内之事，为此，亲子矛盾爆发，孩子与父母之间的关系陷入紧张状态。不得不说，之所以出现这样的局面，是因为父母和孩子对于主动做事和为了避免被批评而做事产生了误解和混淆。对于十岁的孩子而言，他们会认为早晨起床叠好被子、洗漱吃饭、晚上洗澡睡觉都是分内之事，对于分内的事情，他们已经养成习惯去做，也意识到如果不能主动做好就会遭到父母的批评。为此，他们一方面看似主动地做自己的分内之事，一方面是为了逃避父母的批评和训斥。然而，父母看到孩子在特定方面的优秀表现之后，很容易对孩子产生误解，还以为孩子就此长大成人，可以把每件事情都尽力做好了呢！实际上，有些孩子哪怕已经长大，也无法积极地去做很多事情，因为他们从来没有习惯把一切都做好。

父母所期望孩子呈现的状态，是孩子不但要主动做好分内之事，还要积极地做好能力所及的事情。殊不知，这么高的要求，要想指望着孩子自己达到，几乎不可能。如果父母可以积极地引导孩子，激发孩子的动力，并帮助孩子形成良好的习惯，或许还可以实现。所以，对于父母而言，要想培养出积极主动的孩子，就必须先提高对于自身的要求。也有一些父母面对孩子的得过且过总是感到烦恼，因为孩子表现出非常懈怠慵懒的状态，对于不需要自己做的事情，他们总是不愿意主动去做；而对于所谓的分内之事，他们也只是怀着完成任务的心态去做。可想而知，这样缺乏热情的生活，会对孩子的身心发展产生十分消极的影响。细心的父母会发现，得过且过型的孩子，甚至在大学毕业后开始工作，对于工作的状态也是很懈怠的。可想而知，如果不能改变，他们的人生也会比别人慢半拍。

不管是父母还是孩子，都应该记住一个真理，即只为了完成任务的人生，绝不会有出色的表现。要想帮助孩子养成好习惯，父母首先要给孩子树立积极的榜样，在家庭生活中充满活力。其次，在向孩子提出要求的时候，父母也要提出恰当的要求，并且以适宜的手段激励孩子持续进取。现代社会竞争激烈，生存压力越来越大，一个人如果不把内心的潜能激发出来，很难面对这个纷繁复杂的世界，更难以为自己赢得一席之地，取得良好的发展。

鼓励孩子变得自觉主动

得过且过型的孩子尽管算不上父母的噩梦，也因为安守本分很少给父母惹各种各样的麻烦，但是，因为缺乏驱动力，他们在生命历程中往往表现出消极懈怠的状态。例如，他们缺乏主动性，对于很多事情都不会勇敢积极地去尝试，而总是墨守成规，按部就班地完成自己分内的事情；他们很喜欢维持现状，害怕打破现有的状态，主要是担心在改变之后还不如现在的生活；他们喜欢从外部寻找原因，而很少想到正是因为他们消极怠工、不愿意努力改变，才导致失败接踵而至；他们的嫉妒心理很强，尤其注重与他人之间的巨大差距，也常常会把失败的责任归咎于他人，甚至会在不劳而获之后欣喜若狂，觉得自己占了大便宜；他们没有挑战精神，总是知难而退，从不迎难而上，他们只做自己熟悉的事情，很少做自己陌生的事情；他们的想法很多，听起来也很精彩，但是因为从来不把这些想法付诸实践，所以导致所有的想法都成为空想；他们总是陷入做了也无法成功的思维怪圈中，为了避免失败而不去努力，最终连成功的机会也彻底放弃了；他们的人生始终处于最原始的农耕状态，即看天吃饭，如果风调雨顺，收获就好一些，如果遇到灾荒，他们也不会主动想办法解决问题，而是任由自己缺衣少食……不得不说，这样的人生状态简直太可怕了，对于人生完全处于放任自流的状态，还谈何成为命运的主宰、人生的主宰呢？

和得过且过型孩子的性格恰恰相反，自觉主动型孩子有很强的主动性，对于很多事情，哪怕没有被强制完成，他们也会非常努力地去做，且一定要做好；他们对于失败的态度是积极的，他们愿意从失败中汲取经验和教训，再踩着失败的阶梯不断地前进；他们善于创新，尤其喜欢接触新潮的思想和新鲜事物，他们有打破旧世界、重塑新世界的勇气和力量；他们不喜欢嫉妒他人，而更愿意把时间和精力用于提升和完善自我方面，在遭遇失败的时候，他们也不会推卸责任，而是会努力地从自己身上寻找原因，自我反省；当思考没有明确的结果时，他们宁愿冒着失败的风险去尝试，也不愿意故步自封；他们是天生的行动派，喜欢放开手脚去做，而绝不会把很多事情都停留在空想阶段；他们时刻准备着，也绝不犹豫不定，所以他们总是能抓住千载难逢的好机会，给予自己更多成功的可能性……看到这里，一定有很多父母都会迫不及待地问："这么优秀和完美的孩子，到底是如何培养出来的呢？"自觉主动型的孩子的确很优秀，却并不完美，因为他们也是普普通通的人，也有人性的弱点，也会在成长的道路上走很多弯路。他们最优秀的地方在于，不管前路多么漫长和坎坷，他们始终都在努力向前，从未放弃过。

毋庸置疑，这样的孩子与父母的用心培养和耐心引导是分不开的。作为父母，我们当然希望孩子成为自觉主动型人才，而不希望孩子凡事都很被动。细心的父母会发现，古今中外，大凡精彩的人生都是由自觉主动型人才创造出来的，而消极被动的人只能拥有悲观沮丧和缺乏行动力的人生。要想培养出自觉主动型的孩子，父母就要做到以下几点。首先，不要为孩子限定分内之事和分外之事。孩子正在成长的过程中，随着能力的不断增强，他们能做的事情会越来越多，对于家庭的责任和义务也越来越多。如果父母把孩子该做的事情限定的范围很小，那么孩子就会消极地完成分内之事，而对于分外之事丝毫不加以关注。实际上，所谓的分内之事和分外之事根本没有一定之规，只要是孩子力所能及的事情，只要是家庭里需要完成的事情，对于孩子而言都是分内之事。其次，父母要为孩子树立积极的榜样，不管是在生活中还是在工作中，父母首先要做到积极主动，这样才能让孩子也变得积极主动起来。如果父母对于很多事情都怀着懈怠的态度，则只会导致孩子有样学样，变得比父母更加消极被动。最后，在日常生活中，父母要多多鼓励孩子勇敢尝试，通过点点滴滴的小事情循序渐进地塑造孩子的好性格。正如人们常说的，心若改变，世界也随之改变，当孩子的心态改变，他们对于整个

世界的态度也会改变，这是毋庸置疑的。所以，父母要帮助孩子形成好心态，这样孩子才会更加乐观地面对很多事情，才会毫不吝啬地付出更多、收获更多。

发自内心地感谢，而不是功利性地表扬

很多父母都感到困惑：我已经表扬孩子了，为何孩子还是不能积极主动地把很多事情做好呢？的确，看起来父母是表扬了孩子，但是孩子对于父母出于不同目的的表扬是非常敏感的，也常常会产生不同的想法和感受。例如，有些父母虽然表扬孩子，却带有明确的目的性，他们已经想好要表扬孩子，从而诱导孩子做出某种行为，这样的表扬看起来就像是一场安排好情节的戏剧演出，往往无法给人带来真正的感动和冲击；有的父母尽管感谢孩子，但这感谢听起来很空洞，丝毫没有真情实感的加入，为此孩子会觉得父母是在敷衍了事，甚至开始怀疑自己所做的一切是否真的打动了父母；还有的父母感谢孩子时，总是借机教育孩子要懂得感恩父母，对父母知恩图报，原本好好的感谢因此变了味道，甚至惹得孩子对父母反感……什么样的感谢才是最好的呢？一定是发自内心的、真心真意的感谢，既不是功利性的表扬，也没有趁此机会对孩子提出更多更高的要求，更不奢望孩子这样主动的行为能够固化下来，成为习惯性的表现，而就是感谢，简单纯粹，没有任何目的。

遗憾的是，现实生活中，太多的父母在感谢孩子的时候，常常带有目的性，也掺杂太多的功利性。其实，父母不要抱怨孩子没有持续更

好的表现，甚至不要对孩子提出要求、要其一直做下去，最重要的在于改变孩子的思想。如果孩子觉得自己理所当然要继续做得更好，他当然会找机会做得更好；如果孩子觉得自己不需要一直这么做，即使父母强求，也未必会收到好的效果。所以，父母要想让孩子持续优秀的表现，就要有克制的能力，不要总是命令或者安排孩子做各种事情。作为父母，我们要耐心等待孩子自发力量的展现，这才是最重要的。

自从那天帮助妈妈提了一个沉重的袋子从超市回家之后，小可总想着在妈妈需要的时候继续帮助妈妈。然而，妈妈没有再主动从小可那里寻求帮助，所以小可对妈妈做出的行为都是心甘情愿的。

暑假结束要开学了，小可一直住校，所以妈妈要帮助小可把很多生活用品都运送到学校去。下车的时候，小可主动对妈妈说："妈妈，东西太多了，你在这里看着车，我先去送一趟回宿舍，然后再下来和你一起拿，这样就可以拿完。"对于小可这样贴心的安排，妈妈感动不已，脱口而出："谢谢你，宝贝。"小可对着妈妈笑了笑，提着包裹健步如飞地奔向宿舍。很快，小可就回来和妈妈一起搬运车里剩下的东西，因为到了中午，小可还主动提出请妈妈去学校食堂吃饭呢！

在这个事例中，有两个细节值得我们关注。一是妈妈没有要求小可继续保持良好的行为，而是给予小可自由去自主决定；二是在小可提出要先送东西会宿舍、让妈妈看着车子的时候，妈妈没有提出自己送东西去宿舍、省得小可奔波两趟，而是在小可的安排下，就这样乖乖地守在原地，一直到小可回来。相信经过这样的安排，小可会有很大的成就感，甚至觉得自己已经成长到可以为妈妈支撑起一片天地的程度。在这种成就感的驱使下，小可的表现一定会越来越好，对于家庭和家人的付出，也会更加积极主动。

父母真心的认可和夸赞，对于孩子而言是最大的鼓励，也是最好的嘉奖。很多父母总是强迫孩子必须按照父母的想法和安排去做事，殊不知，当父母总是强制要求孩子，日久天长，孩子或者变得逆来顺受、思维懒惰，或者因为压抑变得叛逆，甚至不愿意和父母进行沟通。显而易见，这两种情况都是极端的情况，对于孩子的成长都没有好处。作为父母，我们一定要把握好教育和引导孩子的度，这样才能积极地引导孩子，让孩子形成良好的性格，表现出优秀的行为。

花样百出地表扬孩子，给予孩子力量

面对孩子的失败，很多父母甚至比孩子更沮丧，在这种情况下，父母如何能够有效地表扬孩子，并拼尽全力地给予孩子积极的力量呢？更有些父母，甚至需要孩子的鼓励，才能振奋精神，才能继续坚持下去，不得不说，这样的父母养育了好孩子，是很大的幸运。然而，大多数孩子比起父母都缺乏人生经验，心智发育也不够成熟，所以父母一定要积极地引导孩子，更要在孩子遇到各种挫折和打击的时候，花样百出地表扬孩子，这样才能给予孩子力量。

人的本能就是趋利避害，所有的成人和所有的孩子，都希望得到他人的认可和赞扬，而不希望被他人否定和批评。因而在亲子关系中，明智的父母一定会抓住各种机会表扬孩子，而不会肆无忌惮地批评孩子，因为他们知道父母的评价在孩子心目中的力量。父母一定要知道，当孩子失败的时候，不要打击和批评孩子，否则孩子不但会失去继续尝试的勇气，也会失去对父母的信任。人在遭受挫折和磨难的时候，内心是非常脆弱的。如果父母能够在这个时候对孩子雪中送炭，赞美孩子非常勇敢地尝试和挑战，那么对于孩子就是极大的鼓舞和奖励。反之，如果父母否定和批评孩子，甚至会让原本充满信心的孩子一蹶不振。现代社会提倡赏识教育，也正是考虑到孩子稚嫩的心灵需要持续地汲取养分。父母要记住，只给予孩子吃喝拉撒等生理需求的满足远远不够，还要从精神层面上关注孩子，从情绪情感上满足孩子，这样才能保证孩子内心充实、健康快乐。

有些父母误以为只有年幼的孩子需要表扬，其实不然，在孩子十二岁之前，认可和赞许都是最佳的养分。因此，对于一个不到十二岁的孩子，父母一定要挖空心思表扬孩子，且要全力以赴鼓励孩子。当然，在鼓励孩子的时候，父母还需要注意的是，要花样百出，而不要陈词乏味。有些父母似乎语文学得不好，在鼓励孩子的时候总是陈词滥调，别说孩子听得烦，他们说得也烦。除了要掌握丰富多样的表达方式之外，父母还要多角度发现孩子的优点，挖掘孩子身上的闪光点。父母每天都与孩子朝夕相处，而孩子始终处于成长和变化之中，每时每刻都有可能给父母惊喜，所以父母要始终保持以新鲜的眼光看待孩子，这样才能日日常新，让亲子关系保持新鲜和活力。

有一次，昊天参加篮球训练，在投球的时候，有一个漂亮的三分球在篮球框上咕噜了一圈掉了出来，在一旁围观的妈妈大声喊道："哇塞，这个球的角度很好，再尝试一次就可以成功了。"听到妈妈的话，昊天训练更加努力，争取把球投到篮筐里。

没过多久，和昊天一起训练的浩民也险些投中一个三分球，浩民的爸爸在一旁急得直跳脚，喊道："哇，浩民加油，只差一点点了。"听了爸爸的话，浩民明显表现出沮丧的样子，一次训练课程下来，浩民和昊天的进步截然不同。

在这个事例中，昊天妈妈的态度很好，她是在鼓励昊天；而浩民爸爸的态度，则让浩民觉得自己做得不够好，所以才与成功失之交臂。其实，昊天妈妈和浩民爸爸想要表达的意思也许是相同的，只是因为表达的方式不同，所以收到了截然相反的效果。

大多数父母总觉得孩子最大的优点应该表现在学习成绩方面，这样的想法恰恰与孩子背道而驰。实际上，每个孩子都是独特的生命个体，是这个世界上不可取代的存在，父母只要用心细致，总有机会发现孩子与众不同的优点和闪光点，总可以找到认可和赞赏孩子的理由。

当然，每个人在看待客观世界的时候，总是情不自禁地从自身的角度考虑问题，父母对于孩子也是如此。为了给孩子更加客观公正的评价，也避免以父母的主观评价影响孩子的自我认知，父母还要尽量从主观的困境中跳脱出来，从而尽量以客观的角度看待孩子、评价和衡量孩子。有的时候，父母也不妨听一听别人口中的孩子是怎样的，从而对孩子的成长起到积极的引导作用。

参考文献

[1]赵雨林. 学会跟孩子说话[M]. 北京：清华大学出版社，2007.

[2]舒童. 让孩子听话的心理学[M]. 济南：山东文艺出版社，2016.

[3]蔡中元. 正向管教：好好跟孩子说话[M]. 北京：中国友谊出版公司，2018.